페미니스트,
경찰을
만나다

페미니스트, 경찰을 만나다

시민-경찰을 위한 성평등 강의

기획 **이성은**

지은이 **이성은**

이경환

주재선

김창연

이해리

정혜심

이임혜경

이은아

추지현

오월의봄

기획의 말

페미니스트로서 나의 삶은 1992년에 시작됐다. 이화여대 대학원 여성학과 석사과정생으로 공부를 시작한 그때부터 지금까지, 페미니스트는 어떻게 살아야 하는지 수업에서든 일상에서든 스스로에게 끊임없이 질문해왔다. 그 질문을 좀 더 구체화하고 싶어서 여성학이 처음 학문 분과로 자리 잡은 영국에서 박사과정을 마쳤고, 한국으로 돌아온 뒤에도 한동안은 여성학 강의와 학술 연구에 매진했다. 15년간 여성학을 공부하고 훈련해온 나의 주된 관심사는 여성학 이론 자체를 탐구하는 것보다 그 이론을 현실에 어떻게 접목해 우리 삶을 바꾸는 데 구체적으로 기여할 것인가였다. 그런 고민 끝에 결국 학교를 떠나 서울시 여성가족재단에서 정책 연구를 시작했다.

대학에서 하는 연구 프로젝트와 달리 정책 연구는 시민

들의 구체적인 삶과 경험을 좀 더 가까이에서 들여다보는 작업이었다. 그런 관찰을 토대로 국가 예산이 투입되는 정책에 바로 접목할 수 있는 실효성 있는 대안을 마련해야 했기에, 실천적인 연구를 하고자 했던 나에게 훨씬 더 흥미롭게 다가왔다. 특히 나는 다른 사람들이 시도하지 않았던 연구 분야에 도전하는 일에서 큰 보람을 느꼈고, 그 첫 결과물인 석사학위 논문 〈직장 내 성희롱 순응과 저항에 관한 일 연구〉(1995)에서 한국 최초의 성희롱 사건인 '서울대 조교 성희롱 사건'을 주축으로 성희롱 피해 사례를 다뤘다. 이뿐만 아니라 2008년 '사회적 기업의 여성친화성 활성화 방안'이라는 주제로 시작한 정책 연구를 '여성 노숙인 성별영향평가', '비혼여성 1인가구 연구' 등으로 꾸준히 이어나갔고, 그 과정에서 내가 수행한 연구들이 실제 정책으로 만들어지는 광경을 지켜볼 수 있었다. 특히 2012년 비혼여성 1인가구 연구를 통해 정책 대안으로 제시한 무인택배함 사업은 유독 기억에 남는데, 곳곳에 설치되어 있는 택배함을 보면서 지금도 뿌듯함을 느끼곤 한다.

하지만 정책 연구 수행을 통해 제안한 과제가 실제 정책으로 활용되는 사례는 그리 많지 않았다. 그런 현실에 안타까움을 느끼며 정책을 실행 가능하게 만드는 행정 분야로 진입할 방법은 없을지 고민하던 차에, 경찰청에 들어가 성평등정책담당관이라는 직책을 맡게 되었다. 두려움이나 이질감 없이 경찰 조직에 들어갈 수 있었던 것은 새로운 분야에 도전하는 것을 두려워하지 않는 성정 탓이 컸다. 경찰은 성평등정책에 대한 연구를 넘어 그것을 구체적으로 실현하는 일에 관심이 많은 나 같은 페미니스트를 비롯해 무수히 많은 시민들이 가장 처음 만나는 공권력이다. 나에게는 시민들과 그토록 가까운 거리에 있는 경찰이 성평등 관점을 가질 때 모든 이들이 안전할 수 있다는 신념이 있었고, 그 신념이 5년간의 젠더 거버넌스라는 도전을 가능케 했다.

2018년 3월 30일부터 2023년 3월 29일까지 꼬박 5년간 경찰청 성평등정책담당관으로 일한 경험을 책으로 만들기로 결심한 가장 큰 이유는 그전까지만 해도 활자로만 접할 수 있었던 '젠더 거버넌스'가 구현되는 모습을 경찰청 안에서 생생히 목도했기 때문이다. 여기서 말하는 '젠더 거버넌스gender governance'란 정책 및 행정의 성주류화gender-mainstreaming를 이루기 위해 공무원, 시민, 전문가 삼자가 협력해 정책의 구체적인 성과를 만들어내는 일련의 과정을 뜻한다. 이를테면, 서울시를 비롯해 지방 행정에서 실시하고 있는 여성안심귀갓길 사업은 젠더 거버넌스의 대표적인 실행 사례다. 지방 행정 단위에서는 전문가와 시민의 의견을 직접 듣는 소통 체계를 마련해 정책 수요를 파악한 뒤 이를 행정에 접목하고, 시민 역시 그 실행 과정에 참여하는 식으로 거버넌스가 이뤄진다.

그러나 정책 부처가 아닌 법 집행 부처인 경찰청의 경우, 시민과 직접적인 소통을 주고받으며 주요 정책을 모니터링해 거버넌스를 추진하기 어려운 구조다. 국민의 안전을 책임지는 경찰정책에서 성주류화를 실현하는 일의 중요성을 고려하면 거버넌스가 모든 사안별로 철저히 이뤄져야 하지만, 현실적인 여건상 쉽지 않다. 이런 한계를 보완하기 위해 경찰청은 젠더 거버넌스를 실행할 수 있는 전담부서로 성평등정책담당관실을 신설해 시민과 전문가의 목소리를 최대한 듣고 반영할 수 있는 컨트롤타워 역할을 수행하도록 했고, 또한 곧바로 성평등위원회를 출범해 경찰정책에 실질적인 자문을 제공할 수 있는 페미니스트 전문가를 위촉했다. 이렇듯 경찰, 페미니스트 행정가,* 페미니스트 전문가 삼자가 경찰 성평등정책을 추진하기 위해 소통하고 협업한 과정을 상세히 풀어낸 결과물이 바로 이 책이다.

1부 〈젠더 거버넌스로 소통하다〉에서는 이 책의 기획자이자 성평등정책담당관으로서 경찰청 성평등정책담당관실을 젠더 거버넌스를 실행하기 위한 조직으로 꾸려나갔던 나의 경험과 성평등정책 추진을 위한 핵심 과제였던 '경찰 채용 성별통합모집'을 둘러싸고 경찰 고위 관리자, 페미니스트 행정가, 페미니스트 전문가 사이에 벌어졌던 젠더 정치의 구체적인 맥락을 두 편의 글로 풀어냈다. 변호사이자 경찰청 성평등위원회 여성폭력 대응 분과위원장을 맡았던 필자 이경환은 중앙행정기관 최초로 구성된 경찰청 성평등위원회가 '경찰 성

---

* 이 책에서 나는 '페미니스트 행정가'라는 용어를 제안하고자 한다. 페미니스트 행정가란 정부 부처, 지방자치단체, 공공기관 등에서 성평등정책 방안을 기획 및 수립하고, 이를 실행할 수 있는 거버넌스 체계를 마련하는 전문가를 뜻한다.

범죄 예방 및 근절 종합대책'을 실행하기 위해 어떻게 개입하고 소통했는지 그 생생한 과정을 기록했다.

성평등정책의 구체적인 실천 사례를 담은 2부 〈성평등정책을 실천하다〉는 성주류화 정책의 핵심을 이루는 〈경찰청 기능·기관별 성평등 목표 수립 종합계획〉 수립 과정을 다룬 필자 주재선의 글로 시작된다. 관련 연구 용역 책임자였던 그는 경찰청 성평등위원회 성주류화 분과위원장으로 활동한 바 있다. 페미니스트 행정가로서 성평등정책기획계장을 맡았던 필자 김창연은 경찰청 최초로 (성별영향평가를 바탕으로 한) 홍보물 사전 점검 시스템을 고안하고 실행하기까지, 성평등정책담당관실과 일선 경찰들이 거쳐야 했던 지난한 과정을 풀어낸다. 페미니스트 행정가로 경찰청 성평등정책담당관실에서 일했고, 현재 서울시 시민인권보호관인 필자 이해리는 전국 경찰관서에 설치된 여성 편의시설의 실태를 짚어내고, 남성중심적으로 설계된 공간을 개선하기 위해 성평등정책담당관실이 개발한 '경찰서 기본시설 개선 성평등 가이드라인'의 내용을 살펴봄으로써 성평등한 공간의 필요성을 강조한다.

마지막으로, 3부 〈함께 배우며 경험하다〉에서는 경찰과 페미니스트 전문가가 소통하고 공부하며 서로를 성장시키는 과정을 담아내고자 했다. 현직 경찰관으로서 이 책의 필진으로 참여한 정혜심은 20여 년에 이르는 경찰 생활을 통해 이른바 '명예 남성' 경찰관에서 페미니스트 경찰로 변화하게 된 개인적인 경험을 담담하고 진솔하게 이야기한다. 경찰청 성평등위원회 위원으로 활동했고, 현재 한국여성민우회 이사를 맡고 있는 필자 이임혜경은 2019년 한국양성평등교육진흥원이 주관한 신임 경찰 성평등 기본교육 콘텐츠 개발 프로젝트에 참여한 경험을 풀어내며, 공공기관인 한국양성평등교육진흥원, 경찰청 성평등정책담당관실, 경찰청 성평등위원회 위원들이 어떻게 긴밀히 협업하며 젠더 거버넌스를 구현했는지 보여준다. 공무원 성평등정책 교육 전문가이자 이화여대 여성학과에서 학생들을 가르치는 이은아는 2018년부터 2021년까지 경찰 고위 관리자 성평등 직무교육 콘텐츠 개발에 공동연구자로 참여한 경험을 토대로 계급 조직인 경찰의 특성을 짚어내며, 고위 관리자를 대상으로 하는 교육이 성평등 구현에서 얼마나 중요한지 설득력 있게 제시한다. 서울대학교 사회학과에서 학생들을 가르치는 추지현은 경찰대학에 다녔던 경험을 중심으로 페미니스트 경찰관이 된다는 것이 어떤 의미인지 복합적이고 입체적인 방식으로 설명한다. 더 나아가서는, 경찰청 성평등정책 연구 프로젝트가 진행한 현직 경찰관들과의 인터뷰를 토대로 조직 안팎의 여성혐오에 맞서는 경찰 구성원들의 다양한 실천을 소개하며 책 전체를 끝맺는다.

이 책은 위계를 중시하며 권위적이고 남성중심적인 행보를 보여온, 그야말로 '성평등'과는 상당히 거리가 먼 경찰 조직이 최근 5년간 성평등정책을 실행하기 위해 페미니스트 행정가 및 전문가 집단과 소통하고 협력해온 과정을 담고 있다. 그러나 이 책이 비단 경찰의 이야기만을 다루는 것은 아니다. 경찰과 자주 접촉하는 시민은 물론, 정부 부처나 공공기관에서 성평등, 인권 등 사회적 약자를 위한 정책을 수립하고 실행해야 하는 위치에 있는 공무원·연구자·활동가들에게 필요한 실질적인 지침을 상세히 풀어냈다. 특히 경찰청 젠더 거버넌스의 구체적인 성과를 가능한 한 자세히 기록하고자 했는데, 중앙행정기관 타 부처에 있는 성평등정책 전담부서의 업무 추진에 실질적인 도움이 되었으면 하는 바람 때문이다. 아울러 2024년 11월 경에 시행될 행정안전부의 정부 조직 평가에서 성평등정책담당관실이라는 조직이 꼭 살아남을 수 있도록 경찰청의 사례가 긍정적으로 작용하길 바란다. 물론, 그 누구보다 시민과 가까이에서 호흡하는 현직 경찰들을 비롯해, 경찰이 되기 위한 준비를 이제 막 시작한 예비 경찰(경찰 임용 후보자)들 역시 이 책을 반드시 읽어주었으면 한다. 공정하고 평등한 경찰 행정을 구현하는 일에 관심이 있는 이들이라면 이 책에서 분명 힌트를 얻을 수 있을 것이다.

경찰이 성평등하지 않을 때 시민이 어떤 위험에 처하게 되는지 우리는 너무나 잘 알고 있다. 2020년 이른바 'n번방 사건'으로 알려진 텔레그램 아동·청소년 성착취 사건이 발생했을 때, 경찰청은 이례적으로 피의자 검거뿐 아니라 피해자 지원 체계를 포함하는 '디지털 성범죄 특별수사본부'를 설치했다. 이때 성평등정책담당관실도 특별수사본부에 참여해 언론 브리핑 시 어떤 식으로 피해자의 인권을 존중하는 용어를 채택해 사건 개요를 발표할지 구체적으로 소통하고 협력했다.

이런 맥락에서 당시 성평등정책담당관실은 경찰 측에 '음란물'이라는 용어를 '성착취물'이라는 용어로 변경할 것을 제안했고, 그때부터 언론 및 법령에서도 해당 용어를 채택하기 시작했다. 해외에 서버를 두고 성착취물을 생산 및 유포하는 범죄를 추적하는 까다로운 수사였으나 경찰은 끝까지 포기하지 않았고, 당시 특별수사본부는 조주빈, 갓갓 등의 주범들을 검거했다.

'서울대 n번방 사건', '인천 n번방 사건' 같은 명칭으로 널리 알려진 딥페이크 기법을 이용한 디지털 성범죄 사건들은 2024년 현재에도 지속적으로 발생하고 있지만, 최근 경찰은 텔레그램 등이 외국에 서버를 두고 있어 범죄자를 검거하기 어렵다는 식으로 미온적인 태도를 취하고 있다. 몇 년 전과 사뭇 달라진 경찰의 대처 방식을 목도하고 있는 지금, 불과 1년 6개월 전 경찰 구성원 및 페미니스트 전문가와 함께 기획하고 추진했던 성평등정책들이 힘을 잃어가고 있는 듯한 느낌을 받는다. 이 책은 그때의 실천을 잊지 않기 위한 노력이자, 나를 비롯해 페미니스트 행정가로서 한때 경찰청에서 일했던 필진들이 시민의 자리로 돌아와 할 수 있는 일이 무엇일지 치열하게 고민한 결과물이다.

이 책을 쓰며 평등하고 공정한 경찰 행정을 구현하는 것이 우리 모두의 삶에 얼마나 큰 영향을 끼치는지 새삼 절감했다. 따라서 성별과 나이, 장애 유무, 소득 수준 등에 관계없이 모든 시민이 안전하게 보호받을 수 있는 세상을 꿈꾸는 사람이라면, 이 책에서 그 가능성을 그려볼 수 있을 것이다. 또한 우리에게는 경찰이 성평등을 지속적으로 실천하며 행정 업무에 반영하는지 계속해서 지켜보고 감시할 권리가 있다. 이 일의 중요성을 깨닫는 시민이 한 명이라도 더 늘어난다면, 그것이 이 책의 진정한 의미일 것이다.

이 책이 나오기까지 큰 힘이 되어주신 분들께 감사의 말을 전하고 싶다. 성평등정책 전담부서가 신설될 수 있도록 방향을 잡아주신 경찰개혁위원회 문경란·김효선 위원님께 감사드린다. 또한 경찰청 성평등위원회가 젠더 거버넌스의 중심으로 부상할 수 있게 함께해주신 정진성(1~2기)·신경아(3기) 위원장님을 비롯해 여러 위원들 덕분에 이 책의 내용이 더욱 풍부해질 수 있었다. 다양한 성평등정책이 중앙행정기관 최초로 수행된 사례로 기록될 수 있도록 경찰청 내 가장 작은 부서에서 역사적인 일을 함께해준 성평등정책담당관실의 직원들과 22개 시·도청 및 소속기관의 성평등정책 담당 행정관들에게도 깊은 감사를 드린다. 마지막으로 경찰청 성평등정책의 원년을 열어주신 민갑룡 전 경찰청장님, 순환제 동일 체력검정 기준을 적용한 성별통합모집을 비롯해 성평등 기본계획의 핵심 과제들이 성과를 낼 수 있도록 결단을 내려주신 김창룡 전 경찰청장님께도 진심으로 감사드린다.

2024년 9월
이성은

차례

1부

젠더
거버넌스로
소통하다

경찰이 열어갈
성평등 대한민국?

이성은(여성학자, 전 경찰청 성평등정책담당관)

경찰청에 성평등정책담당관¹이 생긴다고?

　　박근혜 대통령 탄핵 후 새롭게 출발한 문재인 정부는 모든 국민이 법으로부터 안전하고 평등하게 보호받을 수 있도록 사법권을 개혁하는 것을 핵심 과제 중 하나로 내걸었다. 정부는 이 과제를 실행하기 위해 경찰청, 검찰청, 법무부에 민간 전문가로 구성된 개혁위원회를 출범하도록 지시했다. 그 결과 2017년 7월 16일 경찰청에서도 경찰개혁위원회(이하 개혁위)가 출범했다. 개혁위는 인권보호, 자치경찰, 수사개혁 3개 분과를 설치해 경찰 기관의 문제점을 진단했고, 수사권 조정 등이 이뤄진 후 발생할 수 있는 경찰권의 비대화를 막을 다양한 대책을 수립해 경찰에 권고하는 역할을 맡게 되었다.

　　당시 경찰은 약 90퍼센트가 남성으로 구성된 권위적인 계급 조직이었다. 따라서 개혁위 인권보호 분과는 경찰 개혁을 위한 기본 전제로 성평등한 경찰로의 변화를 위한 개혁 방안을 권고했다.² 또한 가장 시급히 추진해야 할 과제 중 하나로 12만에 이르는 전국의 경찰에 성평등 관점을 도입하는 데 컨트롤타워 역할을 수행할 경찰청 내 성평등 전담부서를 신설할 것을 제안했다. 이보다 한참 전인 2005년 국가인권위원회는 헌법의 평등권에 위배되는 경찰 성별분리모집을 성별통합모집으로 개선하라는 권고 등³을 제시한 바 있었고, 경찰은 그것을 조직 내 성평등을 위한 핵심 과제로 설정하고 있었다.

　　경찰 조직은 과거에 성평등정책을 추진한 적이 한 번도

없었지만 70여 년 경찰 역사의 숙원 과제인 경찰-검찰 수사권 조정,[4] 즉 사법권 개혁의 핵심 과제를 달성하기 위해서라면 무엇이든 할 준비가 되어 있었다. 말하자면 당시 경찰은 성평등이라는 변화를 선택의 여지없이 무조건 받아들여야 하는 상황이었고, 가능한 한 빨리 실질적인 성평등 전담부서를 만들어야 한다는 개혁위의 권고를 받아들여 2017년 12월에 경찰청 성평등 전담부서장을 개방형 전문가로 채용하기 위한 공고를 냈다. 당시 그 공고를 본 나는 형식적인 건 아닐까 하는 의문을 품기도 했지만, 2008년 각 부처에 있었던 여성정책과가 폐지된 후 10년 만에 여성정책이 아닌 성평등정책 전담부서가 생긴다는 소식을 듣고 놀라지 않을 수 없었다. 숙고 끝에 경찰청 성평등정책 전담부서장 채용 공고에 지원하면서 페미니스트인 나와 경찰 사이에 어떤 공통점이 있을까를 고민하며 자기소개서를 썼다.

경찰에 대한 나의 첫인상은 남성중심적이고 (뚜렷한 계급이 존재하는) 권위적인 조직 그 자체였다. 다른 부처와 다르게 여성의 비율이 10퍼센트 내외로 극히 소수이고, 그마저도 고위직으로 갈수록 열손가락에 꼽을 정도이니 말이다. 다른 한편으로 경찰은 국민의 안전을 책임지는 집행기관이기 때문에 중앙행정기관 중 가장 큰 규모(약 12만 명의 구성원)으로 이뤄진 전국 단위 조직이었다. 다른 어떤 중앙 부처보다 나와 같은 일반 시민의 가장 가까이에 있는 공권력이니 얼마나 중요한 조직인가? 동네 주민센터 옆에 언제나 지구대가 자리 잡고 있는 것을 떠올려보더라도 알 수 있으니 말이다. 그때 나는 경찰청 성평등정책담당관이 된다는 건 다른 부처의 성평등정책담당관이 되는 것과는 차원이 다른 문제라고 생각했다. 왜냐하면 국민의 안전을 책임지는 경찰이 성평등 인식을 갖고 있지 않다면 여성을 포함한 사회적 약자들이 안전에 치명적인 영향을 받을 수밖에 없기 때문이다.

나는 페미니스트이자 성평등정책 전문가인 나와 경찰이 유사한 신념과 사명감을 가지고 있고, 그렇기에 함께 일할 수 있다는 믿음을 가져보기로 했다. 언론에 종종 공개되곤 하는 비리경찰은 극히 일부일 것이며, 2018년 방영했던 tvN 드라마 〈라이브〉에 등장하는 지구대 경찰들처럼 모든 국민을 범죄로부터 안전하게 보호하는 것이 곧 경찰의 존재 이유라고 믿는 경찰들이 훨씬 더 많을 거라는 생각도 있었다. 그래서 나는 감히 그 막중한 일, 그러니까 경찰청 성평등정책담당관을 해보겠다는 결단을 내릴 수 있었다. 내 결단이 크게 틀리지 않았다는 것을 5년 동안 경찰청 근무를 하며 구체적으로 알게 되었다.

숨 막히는 엘리베이터
그리고 지하 1층 사무실

경찰청 성평등정책담당관이 신설된 2018년 3월 30일은 지금도 잊을 수 없다. 이날은 내가 서대문에 위치한 경찰청 본청에 처음 출근한 날이기도 하다. 건물에 들어서 엘리베이터를 탄 순간부터 절대 다수의 남성 조직에 발을 내딛었음을 실감할 수밖에 없었다. 엘리베이터에 탄 이들 중 여성은 나뿐이었고, 나머지는 모두 남성이었다. 난생처음 겪는 상황에 숨이 탁 막혔다. 무언가가 나를 압박하는 느낌, 그리고 내가 쉽지 않은 길을 선택했다는 생각까지 엘리베이터 안에서 만감이 교차했다. 경찰청 9층에서 만난 우리 부서원은 나를 포함해 5명이었다.[5] 중앙행정기관 중 가장 구성원이 많은 경찰 조직 전체를 대상으로 성평등정책 컨트롤타워로서의 역할을 맡기고는 5명이서 무슨 일을 하라는 건지 앞이 캄캄했다.

더욱 당황스러웠던 일은 경무인사기획관[6] 소속 성평등 전담부서 사무실을 경무인사기획관 소속 타 부서들과 경찰청·차장 집무실이 있는 9층이 아니라, 서고로 쓰던 창문도 없는 지하 1층의 방 한 칸을 리모델링해 사무실이라면서 소개하는데 정말 기가 막혔다. 5명이라는 극소수의 인력 배치를 '실무 업무는 아무것도 하지 말고, 경찰청 18개 국·관의 50개가 넘는 부서, 22개 시·도 경찰청 및 소속기관이 성평등정책을 추진할 수 있도록 컨트롤타워로서 정책 방향을 설정하고 지시하는 역할만 하라'는 의미로 최대한 긍정적으로 해석할 수도 있었지만, 그렇다 하더라도 너무 적은 인원이었다. 경찰청 다른 부서의 한 팀도 만들 수 없는 인원으로 부서를 꾸리다니. 게다가 경찰 전체의 성평등정책 컨트롤타워 역할을 하라면서 정작 지하 1층 골방 같은 사무실에 뚝 떨어뜨려놓는 처사에 '성평등정책을 함께 추진할 생각이 없는 건가?' 하는 의문이 강하게 들었다.

극소수 인원으로 구성된 부서, 열악한 지하 사무실보다 더 놀라웠던 것은 부서장 업무추진비 약 600만 원이 부서에서 운용할 수 있는 예산의 전부라는 사실이었다. 말하자면 별도의 사업 예산이 마련되어 있지 않았다. 난관은 여기서 끝나지 않았다. 경찰청 성평등위원회 발족식이 4월 17일 금요일 오전 10시로 이미 결정되었고, 그 발족식을 준비하는 것이 우리 부서의 첫 사업이라는 통보까지 받았다. 출근 첫날부터 연속으로 나를 당황케 한 이 일련의 사건들에 마음을 더 굳건히 다잡을 수밖에 없었다.

입사 2주 만에 준비한
성평등위원회 출범

발족식까지는 2주가량이 남아 있었다. 그때까지 성평등 전담부서 준비 TF팀에서 위원회 발족을 위해 준비한 것은 〈경찰청 성평등위원회 운영 등에 관한 규칙〉을 제정하고, 성평등위원회 민간위원 10명 중 8명을 섭외한 것이 전부였다. 그 외 위촉식을 위한 모든 준비는 성평등정책담당관실 주관으로 진행해야 하는 상황이었다.

발족식을 위해 제일 먼저 준비한 것은 〈경찰청 성평등위원회 운영 등에 관한 규칙〉을 꼼꼼히 살피는 일이었다. 이 규칙에는 개혁위 인권보호 분과에서 권고한 내용을 중심으로 경찰청 성평등위원회와 성평등정책담당관이 어떤 일을 어떻게 운영해야 하는지에 관한 내용이 담겨 있었다. 그 내용을 면밀히 검토해보고 나서야 비로소 우리 부서원이 5명이 아니라 18명이라는 것을 깨달을 수 있었다. 경찰청 성평등위원회 민간위원 10명과 3명의 당연직 경찰위원인 경찰청 차장, 기획조정관,[7] 경무인사기획관 모두를 경찰청 성평등정책 기획, 추진, 실행의 책임을 이행하는 사람들로 만드는 게 성평등정책담당관으로서 내가 해야 할 가장 중요한 일이었던 것이다. 경찰청 성평등정책을 제대로 추진하려면 발족식을 더 빨리 서둘러야 했다.

준비팀에서 성평등위원회 민간위원으로 위촉할 10명 중 8명의 민간위원은 모두 훌륭한 분들이었지만, 그중 남성은 단 1명뿐이었다. 따라서 나머지는 가능하면 남성을 섭외하는 게 좋겠다고 판단하고, 성평등정책에 전문성이 있는 2명의 남성위원들을 섭외했다. 경찰청장, 차장, 경찰청 18개 국·관·실장들이 모두 참여하고, 민간위원 10명이 함께하는 경찰청 성평등위원회 발족식을 소프트웨어에서 하드웨어까지 제대로 준비하는 건 결코 녹록지 않은 일이었다. 그럼에도 소수 정예의 우리 부서원들은 경찰 역사에 길이 남을 경찰청 성평등정책담당관 현판식을 비롯한 경찰청 성평등위원회 발족식을

별 탈 없이 잘 마무리했다. 발족식에서 10명의 민간위원이 위촉되었으며, 정진성 서울대 사회학과 교수가 공동위원장[8]으로 호선되었다. 또한 위원회 운영에 전문성과 내실을 기한다는 차원에서 성주류화 분과와 여성폭력 대응 분과로 나눠 활동하는 것을 의결했고, 각 분과위원회의 위원장을 선임했다. 경찰-페미니스트 행정가(경찰청 성평등정책담당관)-페미니스트 전문가(경찰청 성평등위원회)들이 합을 맞추는 젠더 거버넌스는 그렇게 시작되었다.

밥값하기 위한
성평등 기본계획 수립

경찰청 성평등위원회 발족식 당일 1차 정기회의에서는 중대한 결정이 내려졌다. 성평등정책담당관실이 업무를 추진하려면 성평등 기본계획을 신속히 수립해야 하니, 2/4분기 안에 임시회의를 열어 성평등 기본계획(안)을 수립한 뒤 정식으로 평가·심의를 진행하자는 결정이었다. 임시회의 일정은 6월 22일 오전 10시로 정해졌다. 나 역시 지체 없이 업무를 처리하는 것을 누구보다 좋아하지만, 입사 2주 만에 발족식을 치른 것도 모자라 두 달 만에 기본계획 수립이라니…… 경험해본 적 없는 속전속결의 처리 방식에 버거움을 느꼈다. 하지만 경찰청 최초의 성평등 기본계획을 수립하는 것은 성평등정책담당관이 성평등위원회 간사로서 해야 할 가장 중요한 업무였기에 하려면 제대로 해야 한다는 비장한 각오를 다졌다.

발족식을 마친 월요일, 국장 주재 회의에서 성평등위원회 경찰위원이자 나의 직속 상관인 경무인사기획관은 "이제 밥값하셔야지요"라면서 성평등 기본계획을 가능한 한 빨리 수립하라고 지시했다. 두 달 안에 기본계획을 수립한다는 일정과 달리 일을 진행하는 내가 실제로 쓸 수 있는 시간은 두 달이 아니었다. 나는 기본계획안 초고를 한 달 만에 작성해야 한다는 로드맵을 지시받았다. 성평등위원회 1차 자문을 받고 수정한 뒤 회의록에 올릴 안을 국장, 차장, 청장에게 검토받고 다시 수정하는 등의 과정을 거치려면, 한 달 만에 초고 작성을 마쳐야 했다. '밥값하라'는 말은 곧 개방형으로 성평등정책 전문가를 2명[9]이나 뽑았으니, 이제 전문성을 발휘해 제대로 된 성평등 기본계획을 수립하라는 뜻이었다. 이런 우여곡절을 거쳐 중앙행정기관 최초로 수립된 2018~2019 경찰청 성평등 기본계획은 지금 봐도 정말 잘 짜인 계획이다. 2024년 현재 대부분의 세부 과제들이 거의 마무리되어 성과를 내고 있기 때문이다.

이처럼 실현 가능한 계획을 수립할 수 있었던 데는 시·도경찰청 및 경찰서, 지구대, 파출소 같은 다양한 현장을 방문하고 여성 근무자 간담회를 개최하는 등 여러 현직 경찰들의 목소리를 듣고 반영하는 것은 물론, 수립한 계획에 대해 성평등위원회 위원들뿐 아니라 관련 전문가들의 의견을 경청하며 끊임없이 소통했기 때문이다. 또한 형식적으로 문자화된 기본계획이 아닌 12만 경찰 조직의 구성원들이 진짜로 실행할 수 있는 계획을 담아내기 위해 경찰위원들인 경찰청 차장, 경무인사기획관, 기획조정관, 관련 업무 실무 총괄자인 본청 과장들과 치열한 논쟁, 소통, 협업을 거치기도 했다. 한편 2019년 4월부터 18개 시·도 경찰청과 5개 소속기관에서 6급 전문임기제로 채용한 성평등정책 담당자들이 최선을 다해 함께했기 때문이기도 하다.

앞서 이야기한 것처럼, 2018년 3월 30일 첫 출근날에만 해도 우리 부서원은 나를 포함해 5명뿐이었다. 나는 그 인원으로 전국 조직인 경찰의 성평등정책 컨트롤타워를 맡아 업무를 수행하기란 불가능하다고 판단했고, 고민 끝에 성평등기본계획에서 성평등 추진 체계를 강화하기 위해서는 주요 전달 체계 역할을 맡는 시·도 경찰청 및 소속기관 성평등정책 담당자를 외부 전문가로 채용해야 한다고 제안했다. 이를 명기해 실천에 옮기기 위해서는 가장 먼저 경찰의 조직 및 인력을 담당하는 기획조정담당관[10]과 소통부터 해야 했다. 당시 내가 만난 기획조정담당관은 성평등정책에 대한 이해가 높은 사람이었고, '본청에서 수립한 계획이 남태령 고개를 못 넘어간다. 그러니 탁상행정 하지 말고 253개 경찰관서에서 실행 가능한 계획을 만들라'는 당시 경찰청장의 정책 방향에 동의하고 있었다. 고맙게도 그는 신설된 성평등정책담당관실에 경찰 자체 예산으로 23명의 인력을 배치하는 매우 혁신적인 결정을 내려주었다.

성별통합모집,
실시할 것인가 말 것인가?

하지만 일은 결코 쉽게 풀리지 않았다. 20개의 세부 과제 중 기본계획에 포함시킬 것들을 논의하고 선별하는 과정에서 가장 첨예한 논쟁을 불러일으킨 것은 다름 아닌 '성별통합모집 실시'였다. 경찰청 성평등정책담당관 입장에서 성평등 기본계획에 성별통합모집을 세부 과제로 포함시키는 것은 지극히 당연한 일이었다. 2017년 9월 개혁위가 2019년 경찰대학 및 간부후보생 성별통합모집 실시 일정을 못박아두고, 향후 순경 성별통합모집을 실시하라고 권고한 이력이 있었기 때문이다. 하지만 대다수의 경찰 고위 관리자들은 성별통합모집을 실시하면 여성 경찰 비율이 50퍼센트 이상으로 늘어날 것이고, 그 경우 '대국민 치안력'이 약해져 경찰의 기능이 마비될 것이라는 근거 없는 공포에 사로잡혀 있었다.

경찰청장이 결재하는 성평등 기본계획에 성별통합모집 관련 사항을 자세히 언급하면 할수록 반드시 실행해야 하는 과제가 되는 상황이었기에, 다수의 고위 관리자들은 성평등 기본계획에 성별통합모집실시를 명기하는 것을 꺼렸다. 당시 한 고위 관리자는 나에게 '개혁위가 권고했으니 경찰이 당연히 실행할 건데, 굳이 성평등 기본계획에 넣을 필요가 있느냐'는 식으로 이야기하기도 했다. 그때 나는 감지할 수 있었다. 개혁위의 권고는 외부 전문가의 권고일 뿐 상황이 여의치 않다고 판단하면 얼마든지 실행하지 않을 수 있고, 무기한 연기도 염두에 두고 있는 경찰의 속내를 말이다. 국가인권위원회가 2005년에 일찍이 헌법에 위배되는 성별분리모집을 성별통합모집으로 개선하라는 권고를 내린 바 있었고, 2017년 9월 개혁위 역시 같은 내용을 권고했지만, 경찰청은 2018년 4월 성평등 기본계획 수립 당시 성별통합모집을 위한 어떤 정책도 추진하고 있지 않은 상태였다.

그때 나는 페미니스트 성평등정책담당관으로서 나의 책무가 성별통합모집을 실행하기 위한 구체적인 로드맵을 성평등 기본계획 안에 구축하는 것임을 확신했다. 성별통합모집 실시를 위한 경찰-페미니스트 행정가-페미니스트 전문가 삼자의 지난한 젠더 거버넌스 서사는 이때부터 시작되었다. 가장 먼저, 성별통합모집을 이루기 위한 세부 전략으로 경찰대와 간부후보생을 대상으로 한 성별통합모집부터 우선 실시하는 방안을 제시했다. 그 뒤 성별통합모집에 적합한 체력검정 기준을 마련하기 위한 연구 용역과 전체 경찰 직무 분석을 통한 순경 성별통합모집 타당성 연구 용역 추진"을 성평등 기본계획 안에 명기했는데, 그렇게 하기까지 경무인사기획관, 인사담당관, 교육정책담당관과 관련 과제에 어떤 문구를 넣고 빼느냐를 두고 엄청난 기싸움과 논쟁을 벌여야 했다.

〈표 1〉〈2018~2019 경찰청 성평등 기본계획〉 비전 체계도

비전	경찰이 열어가는 성평등 대한민국	
목표	치안정책의 성평등 가치 제고	경찰 조직 내 성평등 실현

	대과제	세부 과제
정책 과제	성평등 치안정책 수립 방안 마련	• 법령·정책·홍보물 성평등 관점 점검 제도화 • 〈경찰통계연보〉 성별 분리 생산 및 배포 • 성평등 추진 컨설팅 체계 구축 및 정책 역량 강화
	여성폭력 대응 및 피해자 보호 강화	• 여성폭력 현장 대응 강화 및 신속·엄정 수사 • 여성·청소년 수사 역량 강화 및 성평등 감수성 제고 • 여성폭력 대응 정책 추진 인프라 구축 • 피해자 보호 및 2차피해 방지 강화
	조직 내 성차별 제도 및 문화 개선	• 성별통합모집 추진 및 여성 경찰 채용 확대 • 여성 관리자 확대 및 기능별 성별 격차 해소 • 일·생활 균형 지원 • 조직 내 성평등 수준 진단·점검
	조직 내 성희롱·성폭력 근절	• 조직 내 성희롱·성폭력 사건 처리 일원화 • 성희롱고충상담원 및 심의위원회 제도 개선 • 가해자 엄정 조치 및 2차피해 방지 • 성희롱·성폭력 예방교육 내실화 및 정기조사 실시
	지속 가능한 추진 기반 조성	• 경찰청 성평등위원회 운영 • 경찰청 성평등정책 추진 체계 구축·운영 • 경찰 성평등지표 개발, 활용 및 성과 관리 • 경찰 성평등정책 추진 거버넌스 구축 • 조직 구성원의 성평등 감수성 제고

※경찰청 성평등정책담당관실

1부 | 젠더 거버넌스로 소통하다

험난한 소통 끝에 간신히 이뤄낸 협의였다. 그 결과 2018년 6월 22일 경찰청 성평등위원회 임시회의에서 성별통합모집을 실현하고 성평등한 경찰로 변화하기 위한 핵심 과제를 담은 〈2018~2019 경찰청 성평등 기본계획〉이 심의 및 의결되었다.

부서 신설 3개월만에 수립된 최초의 경찰청 성평등 기본계획(〈표 1〉)은 정교하게 잘 짜인 계획이다. 20개 세부 과제 중 대부분이 2023년 3월 29일 내가 성평등정책담당관으로서 5년간의 업무를 마무리하는 시점에 온전히 추진되었거나 〈2020~2024 경찰청 성평등 기본계획〉의 주된 기반이 되었으며, 더 정교하고 고도화된 정책 과제로 확장 추진되고 있었기 때문이다. 이뿐만 아니라 다른 부처의 성평등 전담부서에서도 본 기본계획에 포함된 여러 과제들을 벤치마킹했다. 남성중심적이고 권위적인 조직으로 정평이 난 경찰청이 대한민국 중앙행정기관 최초로 만든 성평등정책담당관실에서 경찰-페미니스트 행정가-페미니스트 전문가가 협업해 이뤄낸 값진 결과물이었다. 경찰청 성평등 기본계획이 '최초'에 그치지 않고 '최선'을 고심하고 일궈내기까지는 수많은 고군분투가 있었다. 앞으로 이 책에서 펼쳐질 이야기는 그 분투의 기록이기도 하다.

1 경찰청은 중앙행정기관 최초로 성평등 전담부서를 만들었으며
  2018년 3월 30일 부서 신설 당시 정식 명칭은 '경찰청
  성평등정책담당관'이었다. 하지만 2019년 5월 행정안전부 정식
  직제가 되면서 정치적인 이유로 '양성평등정책담당관'으로
  부서명이 바뀌었다. 하지만 이 책에서는 좀 더 포괄적이고 정확한
  함의를 담고 있는 경찰청 성평등정책담당관으로 통용하고자 한다.

2 경찰개혁위원회 인권보호 분과는 2017년 9월 29일 '경찰 조직
  내 성평등 제고 방안' '여성폭력 대응 체계 개선' '성매매 피해
  여성 보호 방안'을 포함한 30쪽에 달하는 권고사항을 제안했고,
  이 권고사항은 성평등정책담당관실과 성평등위원회의 지난한
  과정을 예고하는 일종의 선언문이었다.

3 이외에도 관리직에서의 심각한 성별 불균형, 남성중심적인
  조직문화, 일·가정 양립의 어려움, 미흡한 성희롱·성폭력 대책
  등이 문제로 지적됐다.

4 당시 형사소송법상 경찰에게는 수사 개시권만 있었고, 검찰은
  수사개시권, 수사종결권, 수사지휘권, 영장청구권을 독점하고
  있었다. 이에 문재인 정부는 검찰에게 부여된 권한의 일부를
  경찰에게도 부여하는 방식으로 수사권 조정을 추진했고, 2020년
  형사소송법 개정으로 검찰이 가진 수사지휘권이 폐지되었다. 일부
  사건의 수사종결권은 경찰에게도 권한을 부여하는 정도로 수사권
  조정이 이루어졌다.

5 성평등정책기획계와 성평등정책운영계로 나뉘었고,
  기획계장 1명(전문임기제 5급 사무관), 팀원 1명(경위),
  운영계장 1명(경정), 팀원 1명(7급 행정관), 전체 계를 총괄하는
  부서장(전문임기제 4급 서기관) 1명을 포함한 총 5명으로
  구성되었다. 경찰청의 다른 부서와 비교하면 '계'의 하위 조직인
  '반'보다 적은 인원으로 경찰청 성평등정책담당관실이 신설된
  것이다.

6 경찰청 경무인사기획관은 경찰청장이 직접 챙겨야 하는 12만 경찰
  구성원들의 인사정책, 교육정책, 복지정책을 총괄하는 조직이며,
  성평등정책담당관실이 경무인사기획관 산하에 신설되었다는

것은 경찰청장과 직접 소통할 수 있는 체계 안에 배치되었다는 뜻이다.

7 통상 다른 부처에는 기획조정관실이 경무인사기획 업무까지 총괄적으로 수행한다. 하지만 경찰청은 전국 단위 대규모 조직이라는 점에서 기획조정관실과, 경무인사기획관실로 업무가 나뉘어져 있고, 시·도 경찰청에는 기획조정관실 업무는 경무인사기획관에서 총괄하여 담당한다. 기획조정관실의 주요 역할은 경찰청 정책 전반의 중·장기적 비전 수립, 그에 기초한 조직 인력, 시설 확충 및 조정의 역할, 국회 대응 등의 업무를 추진한다.

8 〈경찰청 성평등 운영 등에 관한 규칙〉에 근거해 공동위원장 중 1명은 경찰청 차장이 당연직으로 수행, 따라서 1기 경찰청 성평등위원회 경찰위원장은 치안정감 민갑룡 차장이었다.

9 기획계장 역시 일반 임기제 개방형으로 채용되었고, 나와 전공이 같은 성평등정책 전문가였다. 그리고 성평등 기본계획 수립은 기획계의 주요 업무였다.

10 당시 기획조정담당관은 2024년 8월 임명된 조지호 현 경찰청장이다.

11 〈2018~2019 경찰청 성평등 기본계획〉.

해임 위기를
극복하고 이뤄낸
성별통합모집

이성은(여성학자, 전 경찰청 성평등정책담당관)

이성은 경찰청 성평등정책담당관의 해임을 청원합니다

경찰청이 성평등위원회 출범 후 두 달여 만에 성평등 기본계획을 심의 및 의결했다는 기사가 올라오자 주요 신문의 이목이 집중됐다. 특히 경찰청장[1]이 결재한 기본계획에 담긴 경찰 성별통합모집이 과연 실행될지를 둘러싸고 기대 반 우려 반의 여론이 형성되었다. 게다가 같은 해 6월 9일부터 혜화역에서 시작된 '불법촬영 편파수사 2차 규탄 시위' 참가자들은 "이철성은 사퇴하라", "여성 경찰청장을 임명하라", "경찰 성비 여성 남성 9:1로 만들어라" 같은 구호들을 외치기 시작했다.[2] 다음 카페 '불편한 용기'가 주최하는 이 시위는 매주 진행되었다.

온라인과 SNS를 기반으로 소통하는 젊은 여성들은 시위에 참가해 성차별과 젠더폭력을 일삼는 경찰 수사의 문제점을 지속적으로 제기했다. 시위를 주도한 '불편한 용기' 카페 운영진은 혜화역에 모인 여성들이 경찰에 대한 분노를 터뜨린 이유에 대해 이렇게 설명했다. "농민들은 쌀값 보장 투쟁 시위를 할 때 '농림부 장관 책임지고 사퇴하라'고 외친다. (불법촬영 사건과 관련해) 2차가해를 일삼는 경찰들이 많은 상황에서 책임자 사퇴를 요구하는 건 당연하지 않나. 한국 경찰의 남녀 성비는 9:1이다. 남성 경찰이 90퍼센트라는 현실에는 아무도 의구심을 갖지 않는다. 여성과 남성의 비율이 9:1은 되어야 한다고 주장해야 5:5 정도로라도 올라갈 수 있다고 생각했다.”[3]

같은 시기에 나는 경찰청 성평등정책담당관에게 요청된 언론 인터뷰를 해야 했다. 시기가 시기인지라 취재에 응하는 것이 조심스러웠지만, 지금은 폐지된 7월 1일 여성경찰의날[4]을 앞두고 경찰청 대변인실을 통해 공식적으로 들어온 요청이라 거절하기 어려웠다. 인터뷰는 경찰청 대변인실과 우리 부서에서 사전 검토를 마친 질문지를 토대로 진행되었고, 별 문제 없이 마무리되었다. 그런데 기사가 게재되자마자 사무실 전화통에 불이 나기 시작했다. 인터넷판 기사 내용을 확인해보니, 한 시간 넘게 진행된 인터뷰 기사 내용 중 많은 부분이 축약되어 앞뒤 맥락이 맞지 않았고, 오해의 소지가 있는 문장도 있었다. 당시 인터넷판 기사의 헤드라인은 ‘경찰 체력검정 결과는 성별 차이보다 연령별 차이가 커서 체력이 약한 50대 남성 경찰들은 모두 그만둬야 한다’는 식의 문구로 채택됐다. 기사는 내가 전달하려 한 의도와는 전혀 다른 방식으로 퍼져나가고 있었다. 인터뷰 기사가 포털 사이트 검색 순위 1위를 찍고 있는 상황도 어쩐지 이상했다. 경찰 성별통합모집과 여성 경찰 비율을 늘리는 문제에 이렇게 많은 국민들이 관심을 가지고 있었던 걸까?

경찰청은 2022년까지 여경을 전체 15퍼센트 수준으로 늘린다는 계획도 발표했다. 이 때문에 ‘체력이 약한 여경을 늘리면 치안이 불안해질 것’이라는 지적도 나왔다. 이성은 담당관은 이 같은 주장에 강력히 반발했다. "체력검정 결과는 성별보다 연령별 차이가 큽니다. 이런 논리라면 상대적으로 체력이 약한 50대 남성 경찰들은 모두 그만둬야 해요. 통합모집을 위해 각 직군이 요구하는 역량을 면밀하게 분석하는 것도 필요합니다. 현 평가 종목인 100미터 달리기, 팔굽혀펴기 등이 경찰 업무에 정말 필요한 역량인지 살펴봐야 합니다. 실제로 힘쓰는 일이 필요한 직무는 일부에 불과합니다."[5]

기사가 발행된 6월 29일 오후 경, 청와대 청원 게시판에 "이성은 경찰청 성평등정책담당관의 해임을 청원합니다"라는 제목의 글이 올라왔다. 단 하루 만에 포털 사이트 검색 순위 1위, 청와대 국민청원글, 내부 게시판에 달린 엄청난 비난성 댓글까지, 몇 안 되는 우리 부서원들은 항의 및 취재 전화에 시달리고 있었다. 마치 미리 짜인 시나리오가 진행되고 있는 듯한 싸한 느낌이 들었다. 인터뷰 기사를 쓴 기자에게 연락해 자극적인 헤드라인을 쓰게 된 경위를 물었더니, 회사의 윗선에서 자신이 제안한 헤드라인 제목과 다른 자극적인 제목을 붙였다는 답변이 돌아왔다. 기자는 기사가 이상한 방향으로 이용되는 것 같다며 '몇몇 남초 커뮤니티에서 해당 기사에 좌표를 찍어 의도적으로 퍼뜨리고 댓글을 유도해 빠른 시간 내에 포털 사이트 뉴스 메인에 오르게 하고 국민청원까지 유도한 것 같다'는 식의 이야기를 했다. 어떤 이유에서건 이 기사는 경찰 내부와 외부를 발칵 뒤집어놓았고, 나는 국민청원뿐 아니라 국민신문고, 경찰청 내부 게시판 항의글에 어떻게든 대응해 인터뷰에서 전달하고자 했던 내용이 호도되었음을 증명해야 했다.

논란이 된 기사에서 애초 내가 인터뷰한 내용은 경찰 성별통합모집을 위해서는 기존의 종목제 체력검정이 과연 경찰의 직무를 제대로 고려한 평가인지 면밀히 검토해야 한다는 것이었다. 그런 맥락에서 100미터 달리기, 신체적 차이를 고려하지 않는 팔굽혀펴기가 경찰 직무 특성에 적절한지 검토하기 위한 연구 용역을 준비 중이라고 답변했다. 또한 50대 남성 경찰을 예시로 든 것은, 매년 이뤄지는 근무평가에 영향을 미치는 체력검정 종목 및 기준에 연령대가 높은 남성 경찰들 역시 불만이 많기 때문에 성평등정책담당관으로서 성별뿐 아니라 연령 등 다양한 차이를 고려한 정책을 만들겠다는 취지에서였다. 그리고 이미 경찰은 매년 실시하는 경찰 체력검정 기준에 성별뿐 아니라 연령에 따른 차등 기준을 적용하고 있었기에, 다양한 차이를 고려한 새로운 체력검정을 반드시 도입해야 한다는 점을 강조하기도 했다.

이 일련의 사건들은 경찰 성별통합모집을 위해 내가 성평등정책담당관으로서 무슨 일을 어떤 절차를 거쳐 해나가야 하는지를 명확히 알려주었다. 당시 나는 과연 경찰청이 나를 해임할지, 그리고 경찰청장이 이런 사건에 대해 어떤 입장을 취할지가 궁금했다. 관련 사건의 경위를 청장에게 보고했을 때, 그는 웃으며 "국민청원 20만 명이 넘으면 우리 둘이 손

잡고 청와대 가서 해명해야지요"라고 말했다. 다행히 국민청원이 6~7만 명 정도에 그쳐 청와대에 가는 일은 일어나지 않았다. 그렇다면 내 해임안에 대한 국민들의 생각은 어땠을까? 당시 국민청원 게시판에는 경찰과 소방관의 체력검정 기준을 성별에 관계없이 동일하게 조정해달라는 의견이 23건 올라왔다. 대부분 여성이 남성보다 느슨한 체력검정 기준을 적용받는 탓에 남성이 이른바 역차별을 당한다는 내용이었다.[6]

경찰 구성원들은 '팔굽혀펴기도 못할 정도의 근력이라면 경찰을 하면 안 된다', '범죄자가 여성 경찰에게만 친절하라는 법 있냐'는 등 여성 경찰과 성평등정책담당관실을 향해 비난과 조롱을 보냈다. 여성 경찰과 남성 경찰의 입장도 갈리는 듯했다. 한 기사에서 30대 남성 경찰 최모씨는 "주취자를 제압하는 현장에서 여경들을 보호해야 할 때가 많다"며 "남자든 여자든, 경찰이 되려고 한다면 자신의 몸무게를 지탱할 수 있는 근력은 있어야 한다고 본다"고 한 반면, 지구대 근무 경험이 있는 한 여성 경찰은 "경찰 외근 업무에 팔굽혀펴기가 도움이 되지는 않는다"고 지적했다.[7]

경찰성별통합모집은
여성 경찰 확대 정책?

성평등정책담당관인 나를 직접적으로 겨냥해 '경찰 조직

에 대해 잘 모르는 외부인'이라고 비판하는 이들도 많았다. 그런 비판과 마주하면서 경찰 성별통합모집 시행에 적합한 로드맵을 만들기 위해서는 경찰 조직 전반에 대한 이해를 높여야 했다. 경찰 성별통합모집을 가로막는 가장 큰 걸림돌은 경찰 내부의 고위직이었다. 그들은 성별통합모집을 단순히 여성 경찰 확대 정책으로 오해했고, 그렇게 되면 치안력이 현저히 약화될 것이라고 내다봤다. 다수의 고위직들이 성별통합모집을 장기적인 검토를 통해 신중히 채택해야 할 정책으로 이해하고 있었다.

나는 기회가 될 때마다 그들의 논리가 시작부터 잘못됐음을 지적했다. 왜냐하면 성별통합모집이 여성 경찰의 비율을 늘린다는 식의 이해는 현행 종목제 차등 체력검정 기준을 그대로 유지한 채 통합모집을 진행하는 경우를 전제하기 때문이다. 그럴 경우 실제로 필기시험에 유리한 여성 비율이 증가할 수도 있다. 하지만 내가 제안한 것은 경찰 직무 특성을 고려해 여성과 남성에게 동일하게 적용되는 순환제 동일 체력검정 기준[8](41쪽)이었다. 나는 바로 그 기준을 바탕으로 성별통합모집을 실시했을 때 (성별분리모집 때보다) 여성 경찰 채용 비율이 오히려 감소한 미국 워싱턴주나 캐나다의 사례까지 제시하며 고위 관리자들을 설득했다.

다시 한번 강조하건대, 성별통합모집은 단순히 여성 경찰을 확대하는 정책이 아니다. 즉 어떠한 법적 근거도 없이 고위 관리자들이 성별 비율을 임의로 결정하는 성별분리모집은

경찰청 순환제 체력검정

① 장애물 코스 달리기(계단)

② 장애물 코스 달리기(장벽)

③ 장대허들 넘기

④ 밀기-당기기

⑤ 구조하기

⑥ 방아쇠 당기기

© 경찰청

헌법의 평등권에 위배된다. 따라서 나는 순환제 동일 체력검정 기준을 토대로 하는 성별통합모집으로 가능한 한 빨리 개선하는 것이 헌법의 평등권 위배를 막는 일이며, 경찰 성평등 추진의 가장 중요한 전제라는 점을 강조했다.

치안력 약화에 대한 우려에 대해서도, 성별통합모집이 경찰 직무 수행을 위한 기본 체력조차 갖추지 못한 여성 경찰이 무조건 증가해야 한다는 주장과 동일시될 수 없음을 분명히 했다. 같은 맥락에서 2019년 그야말로 불편한 용기를 내 혜화역에 모인 다수의 여성들이 요구한 것도 무조건 생물학적으로 여성인 경찰을 늘리라는 게 아니었다. 대한민국 시민의 50퍼센트가 여성이고, 같은 성별의 여성만이 수행할 수 있는 경찰 업무가 계속해서 늘어나고 있는 시점에서 10퍼센트 내외에 그치는 소수의 여성 경찰들만으로는 50퍼센트에 달하는 여성 시민을 안전하게 보호할 수 없으니, 여성 경찰의 비율을 늘려야 한다는 게 그들의 핵심 주장이었다.

나는 이것이 경찰로서 직무 수행이 가능한 체력을 가지고 있으면서도 성인지 감수성이 높은 여성 경찰을 늘리라는 요구이며, 기존의 성차별적인 시각에서 젠더폭력적인 수사를 행하고 있는 남성 경찰이 성인지 감수성을 지닌 공권력으로 근본적으로 변화해야 한다는 요구임을 끊임없이 설명했다. 하지만 다수의 경찰 고위 관리자들은 나의 이런 설명에도 불구하고 전체 경찰을 대상으로 한 순경 성별통합모집을 가능한 한 늦추고 싶어 했다. 경찰개혁위원회와 언론에 이미 공개한 경찰대학 및 간부후보생 성별통합모집 정도만 수용하겠다는 입장이 지배적이었다.

순환제 동일체력기준 성별통합모집을 위한 치열한 젠더 거버넌스

2005년 국가인권위원회의 헌법의 평등권에 위배되는 성별분리모집 개선 권고, 2017년 경찰개혁위원회의 성별통합모집 권고, 〈2018~2019 경찰청 성평등 기본계획〉에 명기된 성별통합모집이 겨냥한 것은 분명 순경을 포함한 경찰 조직 전체를 대상으로 한 성별통합모집 추진이었다. 따라서 2019년에 시행 예정되었던 경찰대학 및 간부후보생 성별통합모집 우선 실시는 순경 성별통합모집으로 가기 위한 과정일 뿐, 결코 최종 목표가 아니었다.

우선 성평등정책담당관실에서는 성평등 기본계획에 명시된 '경찰대학 및 간부후보생 통합모집을 위한 체력검정 기준 마련' 연구 용역이 제대로 추진되고 있는지부터 모니터링하기로 했다. 따라서 연구 용역을 담당하는 경찰청 채용부서인 교육정책담당관에게 순환제 동일 체력검정 기준을 어떻게 도입할지에 초점을 맞춰 연구 용역을 진행해야 한다는 견해를 전했다. 교육정책담당관은 이미 2018년 5월에 용역 발주를 완료했고, 경찰대학 및 간부후보생 성별통합모집은 2019년에 실시해야 해서 순환제 동일 체력검정 기준을 위한 인프라를 마련해 연구 용역을 추진하기 힘들다는 입장을 전해왔다. 이미 연구가 진행되고 있으며, 예산 또한 정해진 상황에서 추가 연구를 진행할 수 없다는 채용 부서의 입장을 받아들일 수밖에 없었다.

기존 종목제 차등 체력검정 기준[9]을 유지하는 연구 용역에서는 당연히 차등 기준을 바탕으로 하는 성별통합모집이 적절하다는 결과가 나왔다. 왜냐하면 종목제 자체가 성별에 따른 신체적 차이를 고려하지 않고 남성 신체를 기준으로 하는 체력검정이기 때문에 이 경우 차등 기준을 바탕으로 성별통합모집을 실시해야 평등권에 위배되지 않기 때문이다. 결국 경찰대학 및 간부후보생 성별통합모집은 종목제 차등 체력검정 기준으로 실시되었고, 법령 정비 등의 사정으로 2019년이 아닌 2020년부터 시행되었다. 경찰 고위직과 정부에서는 차등 체력검정 기준 성별통합모집에 따른 역차별로 논쟁이 발생할 것을 우려했으나, 100명의 소수 인원(경찰대학과 간부후보생)만 선발해서인지 큰 반발 없이 지나갔다.

물론 차등 체력검정 기준을 바탕으로 한 경찰대학 및 간부후보생 성별통합모집은 하나의 과정일 뿐이었다. 2019년부터는 〈2020~2024 경찰청 성평등 기본계획〉에 2023년 순경 성별통합모집 추진을 명기하기 위한 경찰과 페미니스트 행정가 및 전문가 사이의 치열한 논쟁이 본격적으로 시작되었다. 경찰청 인사담당관실에서는 '경찰 직무 분석을 통한 통합모집 타당성 연구'를 추진했다. 성평등정책담당관 신설 후 추진된 연구였기에 우리 부서 차원에서 지원하고 협력할 수 있는 모든 자원을 동원한 연구였다. 해당 연구 용역의 중간보고회 때만 해도 상황은 그리 좋지 않았다.

연구진은 경찰 직무 분석 결과 성별통합모집은 타당하다는 중간 결과를 발표했다. 결과는 보고회가 열리기 전에 이미 인사담당관 및 경찰 고위직에 전달된 상태였기에, 별 문제가 없는 듯했다. 하지만 여느 연구 용역 보고회와 달리 연구진과 관련 부서장뿐 아니라 각 시·도 경찰청 및 지역 관서에서 온 경찰관들 다수가 참석하는 자리였기에, 알 수 없는 불안감이 감지되기도 했다. 그리고 공교롭게도 그날 나는 여성가족부에서 주관하는 '불편한 용기' 카페 운영진과의 회의에 참석하는 일정 때문에 연구진 보고만 듣고 자리를 떠야 했다.

그 자리를 지켰던 우리 부서의 기획계장은 눈물이 날 정도로 기가 막힌 상황을 접했다는 이야기를 나중에 전해주었다. 연구진이 성별통합모집의 타당한 근거에 대한 발표를 마치기가 무섭게, 현장 경찰들이 순경 성별통합모집에 반대하는 입장을 피력했고, 그 자리에 참석한 여성 경찰 역시 반대 의견을 제시했다는 것이다. 그렇지 않아도 여성 경찰이 갈 만한 보직이 별로 없어서, 성별통합모집으로 여성 경찰이 늘어나는 걸 일선 여성 경찰들마저 반대한다는 게 그 이유였다. 성별통합모집을 어떻게든 반대하겠다는 굳은 결의를 가진 현장 경찰들의 성토에 외부 연구진들은 당황할 수밖에 없었고, 그 모습을 지켜본 나와 우리 부서원들은 성별통합모집이 쉽게 이뤄질 수 없는 현실을 절감했다.

　이 보고회를 계기로 현장 경찰들 사이에서도 성별통합모집은 여성 경찰 확대 정책이며, 힘없는 여성 경찰이 조직에 대거 유입되면 남성 경찰의 부담만 커지니 반대해야 한다는 생각이 지배적이라는 사실을 간파할 수 있었다. 더불어 성평등정책담당관의 역할에 대해 좀 더 명확히 인지하게 되었다. 이런 잘못된 오해와 인식을 풀기 위해서는 현장 경찰 간담회를 통해 성평등한 인사정책 방향은 물론 성별통합모집의 취지와 의의를 정확히 알리면서, 현장 경찰들과 긴밀히 소통하고 협력하는 일이 무척 중요하다는 것을 깨달을 수 있었다.

　예상치 못한 다양한 반대 여론과 방해 공작에도 불구하고 2023 순경 성별통합모집 실시는 〈2020~2024 경찰청 성평등 기본계획〉에 명기되었다. 2020년부터 나는 경찰청 교육정책담당관과 좀 더 구체적인 소통을 시작했다. 새로 부임한 교육정책담당관[10]은 다행히 성별통합모집에 대한 이해도가 높았고, 성별분리모집이 헌법의 평등권에 위배된다는 것을 명백히 인식하고 있었다. 순경 성별통합모집 체력검정 기준 마련을 위한 연구 용역이 기존의 종목제가 아닌 미국 워싱턴주와 캐나다에서 진행하고 있는 순환제가 경찰 직무의 특성을 잘 고려하고 있다는 점에도 동의했다. 덕분에 일사천리로 관련 연구 용역을 진행할 수 있었다.

　교육정책담당관은 순환제 체력검정 시뮬레이션을 위해

관련 장비를 구입한 뒤 서울 경찰청과 중앙경찰학교에 비치했다. 현직 경찰들이 직접 순환제 체력검정을 실행해봄으로써 구체적인 데이터를 마련하는 역사적인 순간이었다. 당시 우리 부서의 여성 경찰인 성평등정책운영계장이 서울경찰청에 가서 직접 시뮬레이션을 진행했고, 해보니 힘들긴 하지만 해볼 만하다는 평가를 내렸다. 이때부터 순환제 동일 체력검정 기준을 바탕으로 한 순경 성별통합모집의 상이 구체적으로 그려지기 시작했다.

이런 과정을 거쳐 2020년 초에 신임 경찰관 체력검정 개선 연구 용역이 마무리되었고, 2020년 6월 경찰 내부 회의에서 순환제 동일 기준 성별통합모집안과 순환제 차등 기준 성별통합모집안에 관한 논의가 시작되었다. 특히 다수의 지원자가 모이는 전국 단위의 순경 성별통합모집은 장기적으로 검토해 신중히 추진해야 할 사항이라고 우려를 표했던 경찰 조직 내부에서 이런 기준을 마련하고 합의점을 도출해냈다는 것 자체가 대단한 성과였다. 물론 아쉬운 점도 있었는데, 순환제 차등 기준 또한 안으로 제시되었다는 것이었다. 순환제 동일 기준으로 할 경우 신임 여성 경찰 합격률이 현저히 떨어질 수도 있다는 시뮬레이션 결과가 나왔기 때문이다. 〈2020~2024 경찰청 성평등 기본계획〉에 명기된 2023년 순경 성별통합모집을 차질없이 진행할 수 있도록, 경찰청 성평등위원회와 우리 부서는 가능하면 현 경찰청장 임기" 중에 순환제 동일 기준의 성별통합모집으로 결정해줄 것을 요청했지만, 아쉽게도 2020년 7월 경찰청장의 임기가 끝날 때까지 순경 성별통합모집을 위한 체력검정 기준은 채택되지 않았다.

결국 우리는 새로 부임한 청장, 차장, 담당 국장, 관련 부서 과장들과 동일 기준의 순경 성별통합모집을 위한 협력과 소통을 밑바닥에서부터 다시 시작해야 하는 난감한 상황에 봉착했다. 하지만 다행히도 2020년 하반기에 부임한 담당 국장인 경무인사기획관[12]은 내가 경찰청에서 만난 6명의 국장 중 성인지 감수성이 가장 뛰어난 사람이었다. 게다가 중앙경찰학교장, 본청 교육정책담당관을 역임했기에 순환제 체력검정 시뮬레이션이 어떻게 진행되고 있는지, 경찰 직무를 고려한 체력검정으로 개선하는 일이 얼마나 중요하고 시급한지 정확히 인지하고 있었다.

하지만 또 다른 난관이 기다리고 있었다. 새로 부임한 경찰청장은 동일 기준에 기초한 통합모집을 실시할 경우 오히려 여성 경찰 비율이 떨어져 필요한 여성 경찰의 수요를 충족시키지 못하게 되는 상황을 크게 우려했다. 그럼에도 청장은 성평등위원회와 우리가 목표로 삼았던 동일 기준의 순경 성별통합모집에 동의했는데, 이는 관련 정책에 대한 이해도가 높았던 당시 경무인사기획관 덕택이었다. 결과적으로 여러 준비 과정이 필요했던 2023년 순경 성별통합모집은 2026년으로 연기되었고, 경찰대학 및 간부후보생을 대상으로 한 순환제 동일 체력검정 기준의 성별통합모집이 2023년부터 우선 실시되었다. 그때 성평등위원회 위원들은 순경 성별통합모집 시기를 2026년으로 미루는 것에 대해 강력히 문제제기했다. 당시 나는 경찰의 입장에서 위원들을 설득했다. 순환제 동일 기준을 위해서는 전국 18개 시·도 경찰청에 관련 인프라를 모두 설치해야 할 뿐 아니라, 이를 위한 예산을 확보하고 관련 법률 개정을 진행하는 등 여러 준비 과정이 필요하기 때문에 시기를 미룰 수밖에 없는 현실적 여건을 설명했다.

다행히도 성평등위원회 위원들은 4년 동안 지난한 과정을 함께한 나의 설명을 수용했다. 2023년 실시된 경찰대학 및 간부후보생의 순환제 동일 체력검정 기준의 성별통합모집 실시 후 여성 경찰 비율은 급격히 증가하지도 하락하지도 않았다. OECD 평균에 해당하는 적절한 비율(30퍼센트 내외)의 여성 경찰이 채용된 것이다. 무척 감격스러운 순간이었다. 페미니스트 행정가가 있는 성평등정책담당관실, 열정을 지닌 성평등위원회, 성인지 감수성을 갖추고 잘못된 제도는 바꾸어야 한다는 신념을 가진 경찰들이 서로 치열하게 주고받은 소통과 논쟁은 결국 순환제 동일 기준의 경찰 성별통합모집을 가능케 했고, 젠더 거버넌스를 현실화했다.

성별통합모집은 경찰만의 문제가 아니라, 여전히 성별분리모집을 고수하고 있는 해양경찰청, 소방청, 국방부 소속 사관학교 등이 안고 있는 문제이기도 하다. 이런 점에서 경찰청이 오랜 시간 찬찬히 준비해 이뤄낸 순환제 동일 체력검정 기준 성별통합모집이라는 성과가 다른 국가기관에도 실질적인 도움을 줄 수 있으리라고 본다. 특히 경찰 조직이 2026년 순경 성별통합모집까지 무사히 이뤄낸다면, 성별통합모집 실시는 경찰의 숙원 과제였던 경찰-검찰 간 수사권 조정만큼이나 경찰의 역사에 하나의 모범 사례로 기록될 것이다. 그 새로운 역사를 최초로 써낸 경찰이 앞으로도 구체적인 성평등 실천을 모색하며 시민들과 함께하기를 진심으로 바란다.

1   당시 경찰청장은 6월 29일 퇴임식을 앞둔 이철성 청장이었다.

2   선담은, 〈경찰대 성별제한 폐지… 여성 청장 1호는 언제쯤
    나올까요?〉, 《한겨레》, 2018. 6. 29.

3   박현정·신민정 〈"왜 많은 여성이 모이나?" 혜화역 시위
    운영진에게 물었다〉, 《한겨레》, 2018. 6. 14.

4   당시 경찰 조직은 10월 21일 경찰의날이 있는데도 7월 1일을
    여성경찰의날로 별도로 지정해 기념하고 있었다. 하지만 경찰청
    성평등정책담당관실이 신설되면서 여성경찰의날을 따로
    지정하는 것은 성평등 통합의 관점에서 바람직하지 않다는
    판단이 이뤄졌고, 2019년부터 여성경찰의날 행사는 공식적으로
    폐지되었다.

5   〈경찰 팔굽혀펴기 꼭 필요하나? 성평등, 여경 늘려야: [인터뷰]
    이성은 경찰청 성평등정책담당관… "10%대 여경 비율, 수요 따라
    늘려야"〉, 《머니투데이》, 2018. 6. 29, 강조는 인용자.

6   한동희, 〈"경찰청 성평등정책담당관 해임" 靑 청원 쇄도한
    이유는〉, 《조선일보》, 2018. 7. 5.

7   같은 기사.

8   2023년 경찰이 실시한 순환제 동일 체력검정 기준은 경찰 직무
    수행 중에 발생하는 상황을 반영해 중량이 4.2킬로그램가량 되는
    조끼를 착용하고 장애물 코스 달리기(계단 및 장벽), 장대허들
    넘기, 밀기·당기기, 구조하기, 방아쇠 당기기를 연이어 수행한
    완주 시간이 4분 40초 미만일 때 '우수'로 합격하며, 이는 남녀
    모두에게 동일한 기준으로 적용된다.

9   종목제 체력검사는 100미터 달리기, 윗몸일으키기, 팔굽혀펴기,
    악력검사, 턱걸이, 매달리기 종목으로 점수별로 평가하는
    방식이다.

10 당시 교육정책담당관은 현재 충남경찰청장으로 재직중인 배대희
    치안감이다.

11 2018년 7월부터 시작한 당시 청장의 임기는 한 달가량 남은
    상태였다.

12 전북경찰청장으로 재직 중인 최종문 치안감이다.

형식적인 거수기에
머무르지 않았던
경찰청 성평등위원회

이경환(변호사, 전 경찰청 성평등위원회 위원)

위원들이 더 많은 회의를 원하는 흔치 않은 풍경

'아니, 정기회의에 임시회의도 모자라서 분과회의까지 진행하자고요?' 경찰청 성평등위원회에서 열린 첫 회의에서 내가 마음속으로 외쳤던 생각이다. 시작부터 열정이 넘쳤던 사람들의 모임, 그것은 바로 경찰청 성평등위원회의 회의였다. 넓은 대회의실, 여러 무게 있는 직함이 기재된 명패를 앞에 두고 앉아 있는 위원들과 정장을 입고 배석한 공무원들, 돌아가면서 점잖은 목소리로 이상적인 이야기를 하고 나면 끝나는 회의…… 사실 이런 모습이야말로 일반적인 정부위원회의 모습에 가깝다.

민간 전문가의 의견을 정책에 반영한다는 '좋은' 취지를 지닌 정부위원회는 매우 다양하지만, 정작 그 현실은 천차만별이다. 제대로 기능하지 못하는 위원회의 경우 위원회 회의 주기도 1년에 1~2회에 불과하다. 지난 회의 때 무슨 의제를 논의했는지조차 기억하지 못하기도 하고, 위원들이 위원회 소속 기관의 내부 사정도 잘 모른 채 수박 겉핥기 식의 논의를 이어가는 위원회를 경험한 적도 있다. 이런 위원회는 소속 기관의 뜻대로 딱 거수기 정도의 역할을 하게 된다. 해당 기관에서도 민간과 협의했다는 대외적인 명분만 얻고 적당히 진행하는 것을 선호할 수도 있다. 위원인 나의 입장에서도 바쁜 업무 와중에 참석해야 하는 위원회 회의가 띄엄띄엄 있을수록 좋은 것이 솔직한 마음이기는 하다.

하지만 경찰청 성평등위원회는 다른 위원회와 달리 형식적인 거수기에 머무르지 않겠다는 위원들의 의지가 강했고, 실질적인 점검과 논의를 위해 다른 위원회보다 회의 주기를 매우 짧게 설정했다. 경찰청 역시 중앙행정기관 중 최초로 성평등위원회를 설치한 만큼 위원들의 그런 의지에 적극 동조하는 입장이었다. 더 나아가 전체 회의로는 신속한 대응이 어렵기 때문에 성주류화 분과와 여성폭력 대응 분과로 나눠 분과 회의도 진행했다. 예정된 회의시간 안에 논의가 마무리되지 않으면 위원들이 먼저 나서 다음 회의를 요구하는, 다른 곳에서는 쉽게 보기 힘든 모습들이 펼쳐졌다.

효율성 있는 회의 진행 방식에 대한 고민과 시도도 있었다. 매 회의마다 〈2018~2019 경찰청 성평등 기본계획〉 이행 상황의 진척도를 보기 쉽게 표로 제시하고, 직전 회의에서 논의되었던 의견, 질의 등에 대한 경찰 내부의 기능별 검토 결과 보고를 정례화한 것은 회의의 연속성을 유지하고 깊이 있는 논의를 하는 데 큰 도움이 되었다. 경찰청으로서도 매번 회의 때마다 위원들의 의견에 답변을 해야 했기 때문에, 의견 하나하나 숙고하며 무게 있게 받아들이는 계기가 되었다. 위원들이 제시한 의견 중에서 반영할 수 있는 부분은 바로 반영하고, 반영이 어려운 경우에는 그 이유를 설명했기에 회의의 실효성이 컸다. 위원들로서는 의견이 반영되지 않은 이유를 납득할 수 있었고, 그 과정에서 경찰청 내부의 구조와 상황을 이해하고 좀 더 적합한 의견을 낼 수 있는 계기가 되었다.

또한 성평등위원회는 경찰청 차장과 호선으로 선출된 민간위원장이 공동으로 위원장을 맡는 체계였다. 경찰청 차장이 거의 모든 회의에 참석해 위원회의 논의에 대한 경찰청 수뇌부의 관심과 지지를 표명함으로써 위원회 의견에 힘을 실었으며, 실질적인 회의의 주재는 민간위원장에게 위임해 외부의 민간위원들이 더욱 활발히 의견을 개진할 수 있는 분위기를 마련하기도 했다. 사실 외부 민간위원들은 자신의 업무 영역과 관련해서는 전문적인 지식과 식견을 갖추고 있더라도 정부 기관의 세세한 조직 체계나 예산, 인력 등의 상황까지 구체적으로 알기는 어려웠다. 따라서 자칫 현실과 동떨어진 의견을 개진하거나 이미 예전에 여러 논의와 정책적 시도가 있었던 사항에 대해 중복되는 의견을 제출하게 될 수도 있었다.

그러나 성평등위원회에 참여한 민간위원들은 경찰 내부 사정을 이해하고자 노력하면서 경찰이 현실적으로 수용할 수 있는 의견을 내려고 했다. 그 과정에서 성평등정책담당관실이 경찰 내부의 사정과 입장을 잘 전달해 위원들의 이해를 높였고, 다른 한편으로는 민간위원들의 의견을 적극 반영해 경찰 조직을 설득함으로써 위원회가 제대로 기능할 수 있도록 핵심 역할을 했다. 성평등위원회는 2020년 8월 수립된 경찰 성범죄 예방 및 근절 종합대책의 주요 과제를 중심으로 거버넌스를 구체적으로 실행해나갔다.

직장 내 성희롱 사건,
징계만 하면 끝?

2020년 7월 김창룡 신임 청장이 부임했을 즈음, 언론은 경찰들의 조직 내 성희롱·성폭력' 사건으로 떠들썩했다. 국민들이 젠더폭력에서 안전할 수 있도록 보호해야 하는 경찰이 도리어 성범죄 가해자가 되고 있다는 것은 매우 중대하고 심각한 문제였다. 따라서 새로 부임한 김창룡 청장은 그에 대한 특단의 조치로 감사관실이 주관하던 경찰 성범죄 예방 및 근절 종합대책 수립에 대해, 성평등정책담당관실이 컨트롤타워 역할을 수행하도록 지시했다. 성평등위원회를 중심으로 한 젠더 거버넌스 체계를 높이 평가하며 이런 결정을 내린 것이다. 2018년 3월 경찰청에 성평등 전담부서(성평등정책담당관실)가 신설된 이후 〈2018~2019 경찰청 성평등 기본계획〉이 수립되고 그에 대한 이행 점검이 성평등위원회를 통해 철저히 이뤄지는 거버넌스 체계가 경찰청 내부에서도 높은 평가를 받았다. 2020년 8월 경찰은 경찰청 성평등위원회 여성폭력 대응 분과위원들, 외부 전문가, 경찰청 관련 정책 국장 및 과장들이 함께하는 TF 팀을 구성해 경찰 성범죄 예방 및 근절 종합대책을 수립했다.

이렇게 수립된 종합대책의 가장 핵심적인 과제 중 하나로, 경찰청은 성희롱 사건 처리 이후에도 피해자가 가해자와 같은 곳에서 근무하지 않도록 10년간 꾸준히 관리하는 제도를 도입했다. 성희롱 사건 이후 피해자와 가해자가 같은 곳에서 근무하는 일이 없어야 한다는 것은 너무도 당연한 원칙이지만, 그간 경찰 조직 내부에는 그런 당연한 조치를 취할 수 있는 제도적 장치가 부재했다. 성희롱 사건 이후 피해자와 가해자가 같은 곳에서 근무하는 것을 충분히 방지하지 못하는 제도상의 허점이 있었던 것이다.

징계 이후 피해자의 삶은 어떻게 될까? 가해자가 징계를 받더라도 파면이나 해임까지 되는 경우는 드물기 때문에, 징계 이후에도 가해자와 피해자 모두 경찰에 남아 계속 근무를 하는 경우가 많다. 사건 이후 초기에는 사건을 기억하는 사람들이 많아서 가해자와 피해자가 마주치지 않도록 배려를 할 수 있지만, 시간이 지날수록 기억은 희미해지게 마련이다. 특히 성희롱 사건은 여타의 사건보다 비밀유지가 엄격히 적용되는 사건이기 때문에, 사건 처리에 직접 관여한 담당자가 아니면 사건의 존재와 피해자 및 가해자가 누구였는지를 인사 담당자가 알지 못할 가능성이 높다. 그러다 보면 인사 시스템에 따라 피해자와 가해자가 함께 근무를 하게 되거나, 더 나아가 상급자인 가해자가 피해자를 지휘·감독하는 직책에 배치받게 될 수도 있다. 피해자로서는 너무나 끔찍하고 이해할 수 없는 일이지만, 인사 담당자의 입장에서는 어쩔 도리가 없다. 시스템 차원의 개선이 없는 한 근본적으로 해결할 수 없는 일인 것이다.

그동안 성희롱 관련 제도와 인식의 개선으로 사건 발생

시 처벌, 사건 처리 과정에서의 분리 조치 및 피해자 보호 조치 등에 여러 긍정적인 변화가 있었으나, 사건 처리 이후 피해자를 어떤 식으로 보호하고 배려해야 하는지에 대해서는 구체적 논의가 이뤄지지 못한 것이 사실이다. 사건 이후 피해자와 가해자가 함께 근무를 하는 것이 바람직하지 않다는 데 백번 동의한다 하더라도, 과연 언제까지 분리 조치를 유지해야 하는지에 대해 합의된 내용도, 분리 조치를 위해 인사 부서에 사건 내용을 공유하는 것과 비밀유지 원칙을 어떻게 조화시킬지에 대한 명확한 방안도 없었다.

개인적으로 여러 위원회에 참석하면서, 성희롱 징계 이후 수년이 지난 뒤 가해자와 피해자가 같이 근무하게 될 수 있으므로 그런 상황을 피할 수 있는 개선책을 마련해야 한다는 의견을 여러 번 개진했지만, 제도상의 변화가 구체적으로 실현된 적은 없었다. 하지만 경찰청 성평등위원회에서는 좀 더 구체적으로 접근해 경찰청의 인사 원칙, 전산 시스템의 내용 및 개선 가능 방식 등을 확인하면서 실제로 피해자를 꾸준히 보호할 수 있도록 경찰청과 협의했다.

그 결과 〈경찰청 성희롱·성폭력 예방 및 처리에 관한 규칙〉 제11조 제5항으로 "경찰기관의 장은 특별한 사유가 없는 한 피해자 등의 2차피해 방지를 위해 행위자와 동일 관서에서 근무하지 않도록 하거나 직무상 연관된 보직에 배치되지 않도록 10년간 인사상 관리한다"는 명시적인 규정을 만들어 10년간 피해자를 보호할 수 있는 근거를 마련했다. 또한 경찰청의 인사 전산 시스템을 개선해 사건 내용에 대한 공개 없이, 행위자와 피해자가 동일 관서에 근무하거나 지휘·감독 관계로 배치되는 일이 발생하지 않도록 (인사 담당 부서에) 알림 메시지를 띄우는 방식을 도입했다.

이러한 규칙 제정 및 제도 운영은, 여성가족부가 제시하고 있는 성희롱·성폭력 예방 지침 표준안의 내용을 뛰어넘어 사건 이후 인사 조치의 측면에서 피해자를 실질적으로 보호하는 최초의 제도라는 점에서 큰 의미를 가진다. 근거 규정과 실무적 절차가 성평등위원회의 논의를 통해 명확하게 정리되었기 때문에, 경찰의 입장에서도 매 사건별로 인사 조치와 관련해 피해자를 어떻게 보호할 것인지 고민할 필요 없이 확립된 실무 절차에 따라 피해자를 보호할 수 있게 되어 더욱 명확하면서도 편리한 방향으로 업무를 개선한 셈이 되었다.

이처럼 사건 이후 가해자와 피해자가 함께 근무하는 일이 없도록 하는 것 외에도 피해자가 처한 상황을 섬세하게 고려하며 보호 조치에 대해 고민할 필요가 있는데, 이를 위해 사건 이후 정기적으로 피해자의 상황을 모니터링하고 면담해 추가 지원 및 조치가 필요하지 않은지 살피도록 함으로써 제도와 규정만으로 온전히 해결되지 않는 부분까지 고려할 수 있도록 했다. 사건 발생 이후 10년간 지속되는 피해자·가해자 분리 조치를 끌어낼 수 있었던 데는 구체적인 의견을 끊임없이 개진한 성평등위원회의 노력과 그 의견을 이어받아 적극적으로 실천하고자 한 경찰청의 의지가 있었다.

징계 사례 공개라는
초유의 결정

경찰 성범죄 예방 및 근절 종합대책의 또 다른 핵심 과제 중 하나는 경찰 내 성범죄 행위 유형 및 처벌 사례 공개였다. 국회가 연평균 60여 건에 달하는 경찰 공무원 성희롱·성폭력 사건을 지적하고, 동료 경찰 성폭행 사건 등 여러 심각한 사안이 발생하자 성평등위원회에서는 경찰 구성원들의 인식 제고를 위해 경찰 성희롱·성폭력 징계 처분 사례를 내부 구성원들에게 공개하는 방안을 고민했다. 성희롱·성폭력 같은 문제는 '얼마든 나와 내 주변의 문제가 될 수 있다'는 인식의 전환이 수반될 때 행동의 변화로 이어질 수 있기 때문이다. 성범죄를 사이코패스나 정신적인 문제가 있는 사람과 같이 '정상적이지 않은 소수'가 일으키는 행위로만 간주하게 되면, 아무리 예방 교육을 듣는다 한들 인식과 행동의 변화가 나타나기 어렵다.

성범죄를 '나와 내 주변의 문제'로 인식하게 하기 위한 좋은 방법 중 하나는, 자신이 속해 있는 조직에서 실제로 발생하고 있는 사건들이 있다는 것을 보여주는 것이다. 나와 별반 다르지 않다고 생각한 내 주변의 동료가 그런 행위를 할 수도 있다는 것을 알게 되면, 뉴스나 교육에서 사례로 접하는 것과 달리 문제를 더 구체적으로 인식할 수 있다.

특히 경찰 조직은 전국 단위의 방대한 조직이기 때문에, 조직 내에서 어떤 유형의 성희롱·성폭력 사건들이 발생하고 있는지 알 수 없어 성희롱·성폭력 문제가 '나와 내 주변의 문제'라는 경각심을 갖기 어려운 측면이 있다. 또한 성희롱·성폭력 사건에 대한 엄중 처리를 경고하는 문구는 쉽게 접할 수 있을지 몰라도, 실제로 어떤 유형의 사건에 얼마나 무거운 징계가 내려지는지는 정확히 알 수 없기 때문에, 징계 처분 사례 공개를 통해 구성원들의 경각심을 일깨울 필요가 있었다.

처음에 경찰은 사례 공개에 부정적인 입장을 내비쳤다. 어떤 조직이든 징계 사례를 공개한다는 것 자체가 매우 민감한 사안이고, 성희롱·성폭력 사건인 경우에는 더욱 그렇기 때문이다. 사례 공개로 인한 2차피해가 발생할 수 있다는 염려도 컸다. 따라서 성평등위원회 역시 매우 신중하게 접근해야 했다. 성희롱·성폭력 징계 처분 사례를 공개해야 한다는 의견만 제시하는 데 그치지 않고, 여성폭력 대응 분과위원회에서 발생할 수 있는 문제들을 구체적으로 검토하며 후속 논의를 이어갔다.

여성폭력 대응 분과위원회는 전국 경찰의 징계 관련 업무를 총괄하는 감사담당관실과 논의를 진행했는데, 예상한 것처럼 감사담당관실은 징계 처분 사례 공개 시 비밀유지 의무 위반이나 징계 당사자에 대한 인격권 침해, 피해자에 대한 2차피해 발생 등 부작용을 크게 우려하면서, 공개에 매우 소극적인 태도를 보였다. 타당한 측면이 있는 우려였지만, 경찰 구성원들의 인식 변화를 위한 노력이 필요한 상황이었던 데다 우려되는 지점이 있다고 해서 아무런 노력도 하지 않으면 더 심각한 문제들을 예방하지 못하게 될 수도 있었다. 결국 여성폭력 대응 분과위원회는 감사담당관실 실무자와 소통을 통해 사례 공개의 필요성을 공유했고, 문제를 최소화하기 위해 구체적인 공개 문안을 함께 협의해 수정했다.

언뜻 간단해 보이기도 하는 이 소통은 실제로는 서로 다른 입장과 생각의 차이를 좁혀나가는 무척 어려운 과정이었다. 여성폭력 대응 분과위원회 회의를 통해 직접 대면하며 생각을 나누고 토론하는 과정이 없었다면, 감사담당관실의 원활한 협조를 얻어내기 어려웠을 것이다. 이런 과정을 거쳐 감사담당관실은 6개월 동안 발생한 성희롱·성폭력 사건들을 유형별로 정리하고 공개 문안 초안을 작성했다. 사건 유형을 어떻게 분류할 것인지, 어떤 방식으로 통계를 집계할 것인지, 전체적인 개요와 평가, 주목해야 할 의미 등을 어떻게 전달할 것인지 등 구체적인 사항들을 논의하며 수차례 문안 수정 작업을 거쳤다.

결과적으로 성희롱·성폭력의 유형만 간략히 제시하는 방식을 채택했는데, 개별 사례의 구체적인 내용은 아무리 익명화를 하고 간략하게 정리하더라도 당사자들이 특정될 수 있는 가능성을 피하기 쉽지 않다는 판단에서였다. 그런 뒤 반기별 통계의 추이, 징계 처분 사례를 통해 도출할 수 있는 주요 메시지 전달, 엄중한 처벌 및 피해자 보호 조치에 대한 경찰청의 의지 표명 등으로 공개문의 내용을 구성했다. 공개문 말미에는 "어떠한 경우에도 구체적인 피해 사실을 알고자 시도하거나 공지된 사안을 흥미 위주로 소비하는 행위, 개인정보 유출, 허위 사실 유포, 피해자에 대한 인사상 불이익 조치 등의 2차피해가 발생하지 않도록 유념해주실 것을 당부드립니다"라는 문구를 추가해, 징계 처분 사례의 공개가 본래의 취지와 달리 가십거리로 소비되지 않도록 당부했다. 실무 부서와의 적극적인 직접 소통과 문안에 대한 방향 제시 및 구체적 수정 과정 등을 통해 징계 처분 사례 공개라는 쉽지 않은 결정을 이행할 수 있었던 것은 모두 성평등위원회의 거버넌스 덕택이었다.

12만 경찰의 성희롱·성폭력
사건 처리를 일원화하다

현재 경찰은 〈2018~2019 경찰청 성평등 기본계획〉에 따라 조직 내의 모든 성희롱·성폭력 사건을 본청 신고센터에서 일원화해 처리하고 있다. 경찰청 인권보호담당관 인권조사계장이 신고센터장을 맡아 경찰 내에서 발생하는 모든 성희롱·성폭력 사건을 본청에서만 처리하도록 한 것이다.

징계는 조직 내 인사권에 기반한 제재 처분이기 때문에 조직 내에서 조사, 심의, 판단이 이뤄진다. 조직 내 성희롱·성폭력 사건을 다룰 때 사실관계를 바탕으로 면밀한 조사를 실행하고 그에 기초해 판단하는 것도 중요하지만, 피해자가 2차

피해를 당하지 않도록 보호하는 것도 반드시 필요한 절차다. 그런데 경찰을 비롯한 대부분의 조직에서는 징계 조사를 수행하고 그에 따라 판단을 내리는 인력이 계속해서 바뀌는 탓에 한 명의 담당자가 충분한 사건 경험을 쌓기 어렵다. 게다가 성희롱·성폭력 사건에 대한 전문적 훈련을 받지 못한 경우도 적지 않아서, 징계 처벌이 이뤄지더라도 그 과정에서 피해자가 큰 고통을 겪는 일이 발생하곤 한다. 수사 업무를 다루는 조직 특성상 경찰은 다른 조직이나 기관에 비해 징계 사건을 조사하고 판단하는 데 월등히 나은 전문성을 발휘할 수 있었지만, 성희롱·성폭력 징계 사건을 처리하는 인원 모두가 관련 사건 수사 경험을 보유한 것도 아니었던 데다, 시·도 경찰청별로 징계 수위도 제각기 달라 형평성 측면에서도 문제가 있었다.

이런 상황에서 성범죄 사건 처리를 본청으로 일원화하는 작업은 매우 중요한 분기점이 되었다. 그에 따라 성평등 감수성과 2차피해 예방교육을 철저히 받은 숙련된 조사관들이 균질적인 조사를 실행할 수 있는 환경이 마련되었고, 역으로 본청 신고센터도 전국의 사건을 담당함으로써 사건 처리 경험을 집중적으로 축적해 전문성을 향상시킬 수 있게 되었다. 이는 법원과 수사기관에서 성폭력 전담 재판부 및 검사, 사법경찰관을 배치해 성폭력 사건을 집중적으로 다루도록 한 것과 일맥상통한다.

조직 내 사건을 한곳에 집중시켜 처리하는 것이 언뜻 무척 단순한 방안처럼 느껴질 수도 있다. 그러나 전국에서 담당하던 수많은 사건들을 한정된 인력만으로 소화해야 한다는 점에서 업무 강도가 상당히 높고 지방 곳곳으로 출장을 다녀야 하는 경우도 비일비재해서, 담당 부서인 인권센터의 역할이 특히 막중했다. 이뿐만 아니라 사건 처리의 본청 일원화는 사건 당사자 및 경찰 구성원들에게 경찰청이 조직 내 성희롱·성폭력 사건을 매우 엄중하게 다루고 있다는 인식을 심어주었다. 그 덕분에 성평등위원회 역시 사건 처리 과정에서 발생하는 여러 문제나 어려움들과 관련해 좀 더 수월하게 의견을 제시할 수 있게 되었다.

대표적인 사례로, 언론에서 태백경찰서 성희롱 피해 사건[2]을 크게 보도했을 때 성평등위원회에서는 사건 자체의 해결과 별도로 사건 처리 과정과 피해자 보호 조치에 문제가 없었는지 등을 면밀히 검토했다. 성평등위원회는 개별 사건에 대한 조사 내용이나 징계 처분의 타당성을 판단하거나 검토할 수 있는 권한은 없기 때문에, 징계 시스템이나 피해자 보호 조치라는 제도적 관점에서 살펴본 것이다. 여성폭력 대응 분과위원회를 통해 사건 처리 과정 전반에 대해 점검했고, 재발 방지를 위한 직장문화 개선, 교육 등 예방안에 대해서도 여러 논의를 개진했다.

징계는 해당 사건에 대한 올바른 처리를 위해서도 중요하지만, 조직 내 시스템에 대한 경찰 구성원들의 신뢰를 좌우한다는 점에서도 중요한 의미를 갖는다. 구성원들이 징계 시스템을 신뢰하지 않을 경우 피해가 발생하더라도 신고를 꺼릴 수 있고, 그렇게 되면 사건이 묻히면서 추가적인 피해가 반복되는 악순환이 생길 수 있기 때문이다.

그런 맥락에서 경찰청 본청 신고센터를 통한 사건 처리 일원화와 그에 대한 성평등위원회의 검토는 경찰 구성원들이 조직 내 징계 시스템을 신뢰할 수 있도록 하는 중대한 역할을 했다. 마찬가지로 경찰청 성평등정책담당관실과 성평등위원회가 힘을 모아 추진한 경찰 성범죄 예방 및 근절 종합대책 이행 점검은 12만 명에 이르는 구성원을 포함하는 전국 단위의 거대한 경찰 조직에서 발생할 수 있는 성범죄를 예방하고 근절하는 데 크게 기여했다.

허울뿐인 성평등위원회가
되지 않으려면

이처럼 경찰청 관련 부서(성평등정책담당관실)와 성평등위원회는 치열하게 거버넌스 체계를 구축했고, 결과적으로 경찰 성범죄 예방 및 근절 종합대책의 핵심 과제들을 성공적으로 실현해왔다. 그러나 이런 훌륭한 성과와 무관하게, 앞으로 나아가야 할 길은 여전히 멀다. 1~2기 성평등위원회의 활동을 이어받되, 부족한 부분들을 꾸준히 개선해나갈 필요가 있다. 특히 중요한 것은 성평등정책담당관실과 경찰 수뇌부와 관련된 부서들의 긴밀한 협업이다. 성평등정책담당관실에서 제안한 정책 과제들은 관련 부서가 적극 참여하고 실행할 때 실현될 수 있고 실질적인 변화가 가능하다.

중앙행정기관 중 최초로 성평등위원회를 구성한 경찰청은 하나의 모범 사례로, 그 이후로 설치된 국방부 양성평등위원회, 교육부 남녀평등교육심의회, 법무부 양성평등정책위원회 등에 성평등을 위한 민관 거버넌스 체계를 확산시키고 있다. 물론 이런 식의 긍정적인 평가가 아무런 노력 없이 당연하게 보장되는 것은 아니다. 성평등위원회, 성평등정책담당관실, 경찰 수뇌부와 관련된 부서들 중 어느 한 곳이라도 의지를 상실한다면 한순간에 허울뿐인 거수기와 같은 위원회로 전락할 수도 있다. 경찰과 경찰청 성평등위원회는 앞으로도 성평등한 경찰정책을 추진할 수 있도록 서로 적극적으로 소통하고 협업해야 할 것이다.

1   경찰청을 비롯한 대다수의 공공기관에서는 성희롱, 성폭력,
     성매매 등을 흔히 '성비위'라는 용어로 통칭해 사용하고
     있다. 그러나 이 글에서는 사회적으로 더 널리 쓰이는
     '성희롱·성폭력'이라는 표현을 사용하고자 한다.
2   2021년, 태백경찰서로 발령받은 신입 여성 경찰관이 2019년부터
     2년여에 걸쳐 여러 명의 남성 경찰관들로부터 성희롱 피해를 당한
     사실이 드러났다. 그뿐만 아니라 피해자의 문제제기에도 2차가해
     행위가 지속되었다. 경찰청 진상조사 결과 성희롱 사실이 확인돼
     강원경찰청에서 12명을 징계하고, 4명에게 직권 경고를 했다.

2부

성평등정책을
실천하다

경찰청의 성평등 목표는 어떻게 수립되었는가

주재선(한국여성정책연구원 선임연구위원, 전 경찰청 성평등위원회 위원)

얼떨결에 참여하게 된
성평등위원회

나는 2018년 4월 제1기 경찰청 성평등위원회에 민간위원으로 참여하게 되었다. 대부분의 정부위원회는 성비를 맞추기 위해 여성 민간위원의 추천을 요청하지만, 성평등 관련 위원회는 역으로 관련 분야 전문가로서 남성 민간위원의 추천이 많은 편이었다. 나는 통계학 전공자로 성인지 통계[1]와 성평등지수[2]를 연구하고 있었고, 당시 성주류화[3] 분야의 몇 안 되는 남성 연구자였기에 자주 위원회의 추천 대상이 되었다. 경찰청 성평등위원회 참여도 직장 동료의 추천으로 큰 고민 없이 결정했다. 그렇게 쉽게 결정할 수 있었던 것은 그동안 참여했던 정부위원회 대부분이 자문위원회 성격이었고, 경찰청 위원회 또한 큰 차이가 없을 것이라는 생각 때문이었다.

그런데 경찰청 성평등위원회는 첫 출발부터 다른 위원회와 사뭇 다른 느낌을 주었다. 함께 참여한 민간위원들은 각기 자신의 분야에서 성평등 구현 의지가 확실한 이들이었고, 경찰청장 또한 위원회에 거는 기대가 상당했다. 나는 처음이라 으레 그렇게 말하는 것이리라고 생각했다. 하지만 실제로 경험해보고 나서는 생각이 크게 바뀌었는데, 경찰청 성평등위원회는 내가 아는 한 위원회의 역할을 제대로 수행하는 데서 단 한 번도 초심을 잃지 않았던 위원회다.

첫 회의에서는 민간위원장과 분과위원장을 선출하는 시

간을 가졌다. 민간위원장은 오랫동안 성평등과 인권 분야의 연구와 활동을 해온 정진성 교수가 맡았고, 분과위원장은 각 분과별 모임에서 선출했다. 그 모임에서 나는 성주류화 분과위원장으로 호명되었고, 동의와 재청으로 순식간에 분과위원장이 되었다. 무척 당황스러웠다. 그전까지는 대개 내가 호명되었더라도 성평등위원회 위원은 여성이 맡는 게 좋다는 의견을 말하면 자연스레 빠져나갈 수 있었는데, 그곳에서는 그런 전략이 통하지 않았다. 그렇게 나는 얼떨결에 경찰청 성주류화 분과위원장이라는 중책을 맡게 되었다.

분과위원장이 된 후 가장 먼저 고민했던 것은 성주류화 분과의 주요 업무를 무엇으로 설정해야 하느냐는 것이었다. 규칙을 찾아보기도 했지만, 경찰청 성평등위원회 운영 등에 대한 규칙에 분과위원회에 대한 언급이 전혀 없었다.[4] 분과위원회가 성평등위원회의 효율적 운영과 사전 검토를 위해 만든 임의 조직이라는 것을 뒤늦게 알게 되었다. 성평등위원회의 기능에 따라 두 개의 분과(성주류화 분과와 여성폭력 대응 분과)가 역할을 나눠 분과위원회를 운영했다. 내가 속한 성주류화 분과는 다음과 같은 세 가지 분야를 다뤘다. 첫 번째로 주요 치안정책에 대해 성주류화 제도를 추진하는 것, 두 번째로 조직 내 성평등 제고를 위한 제도·문화를 개선하는 것, 세 번째로 경찰관 성인지력 제고를 점검하는 것이 바로 그 주된 역할이었다. 경찰 조직 내에서 발생하는 성폭력과 관련된 대응을 제외하면 일반적인 성평등 업무를 모두 다룬다고 할 수 있었다.

성주류화 분과위원장은 작지만 작지 않은 일들을 하는 직책이었다. 분과 회의는 성평등위원회 본회의 안건 중 성주류화에 관련된 내용이 있을 경우 위원들이 사전에 모여 논의하는 방식으로 진행되었다. 형식적인 자리가 아니라, 경찰청 내부에서 의사결정권을 가진 국장이 반드시 참석하는 회의였다. 분과 회의였음에도 외부 전문가와 내부 담당자가 모두 참석했고 주요 안건에 대한 의사결정도 신속히 내려졌다. 지금까지 여러 위원회를 경험했지만, 분과위원회가 이 정도로 잘 운영되는 위원회는 보지 못했다. 한 조직이 발전하는 데 중요한 것은 조직을 만드는 것보다 만든 조직이 잘 운영될 수 있도록 지원하는 것임을 새삼 깨달을 수 있었다.

성평등 측정 지수 개발에 뛰어들다

2019년 5월 성주류화 분과 회의에서 경찰청 성평등 지표 개발에 대한 안건이 올라왔다. 경찰청은 〈2018~2019 경찰청 성평등 기본계획〉의 근거로 삼을 내부 진단 기준을 필요로 했다. 그 기준을 통해 경찰청의 성평등 수준을 쉽게 파악하고 성평등한 경찰 조직의 추진 성과를 측정해야 했기 때문이다. 당시 성평등정책담당관실은 조직이 구성된 지 얼마 되지 않은 데다 예산도 없는 상태에서 성평등 지표[5]를 만들어야 했지만 자신들이 가지고 있는 모든 역량을 투입했고, 조직 진단에 필요한 성평등 지표와 자료 수집을 통해 정부 부처 최초로 성평등 진단 결과물을 만들어냈다. 열정과 소명의식이 없었다면 나오기 어려운 결과물이었다. 심지어 짧은 시간에 급히 만든 결과물은 허술하기 쉬운데, 성평등 지표 구성과 내용도 충실한 편이었다.

경찰청 성평등 지표는 기존의 성평등 지표 구성과 차별화된 특성을 보였다. 일반적으로 성평등 지표는 국가 혹은 지역 정부를 대상으로 작성되기에, 사회현상을 분야 혹은 영역으로 구분한 후 이를 측정할 수 있는 지표를 구성하게 된다. 경찰청 성평등 지표도 이런 접근 방식과 크게 다르지 않았다. 단, 경찰청은 국민의 치안을 담당하는 정부 부처인 만큼 다양한 업무를 수행해야 하는 국가와 지역 정부와는 차별화된 지표 구성이 필요했다. 이 점을 고려해 성평등정책담당관실은 성평등을 조직의 객관적 수준뿐 아니라 조직 구성원의 주관적 인식을 함께 고려하는 방식으로 도입했다. 성평등 지표에도 주관적 성평등 의식을 포함해 구성하는 방식은 자주 활용되지만, 경찰청처럼 객관지표와 주관지표를 연계해서 성평등을 보는 방식은 흔치 않다.

이런 접근은 당시 국내외 국가 차원의 성평등지수를 연구하고 있었던 나에게 신선하게 다가왔다. 왜냐하면 나는 특수한 업무를 수행하는 조직은 그 내부의 특성을 고려해 독자적인 지표 구성 방법을 택해야 한다고 생각해왔는데, 경찰청이 기존 성평등 측정에서는 찾아보기 힘든 질적 측면을 함께 파악하는 방식을 도입했기 때문이다. 2019년 경찰청 성평등 지표를 간략히 살펴보면, 지표 구성은 4개 분야로 구분된다. 이 분야에 걸쳐 10개의 객관지표가 있고, 이에 대응하는 주관 지표 역시 있다. 우선 지표를 구성하는 기본 요소는 '분야'와 '지표'로 구분된다. '분야'는 경찰청의 성평등 수준 제고를 위해 노력이 필요한 영역을 뜻하며, '여성 대표성 제고', '조직 내 성범죄 근절', '일·생활 균형 확립', '치안정책 성주류화 확대' 4개로 세분화된다. 이렇게 구분된 각 '분야' 안에 배치되는 것이 '지표'이며, 이는 대표성·객관성·측정 가능성을 기준으로 총 10개로 세분화된다. 객관지표와 주관지표의 분야는 동일했지만, 분야별 측정지표의 수는 약간 달랐다.

2020년 경찰청 성평등 지표는 한 번 더 변화하게 된다. 2019년 발표된 경찰청 성평등 지표는 성평등을 진단하는 데 큰 문제가 없었지만, 개별 지표 단위로 발표되어 종합적 변화를 파악하기는 어려웠다. 즉 성평등지수로 측정하지 않아, 각 지표에서 나타나는 성평등 변화를 종합적으로 분석할 수 없었다. 지표별 변화가 보여주는 의미도 있지만, 경찰청 성평등 수준이 얼마나 향상되었는지를 한 눈에 볼 수 있는 지수 개발이 필요했다. 이런 문제의식을 느낀 성평등정책담당관은 경찰청 수탁 과제로 '경찰청 성인지 통계 지표 수립 연구'를 발주했고, 나에게도 이 과제에 참여해 지표를 보완해줄 수 있는지 물었다. 성인지 통계와 성평등지수가 나의 주 연구 분야이기에 성평등지수에 기술적으로 접근하는 것은 어렵지 않다고 판단해 참여를 결정하게 되었다. 하지만 지금 생각해보면, 당시 나는 경찰 조직에 대한 이해가 부족했던 탓에 지표를 더 나은 방향으로 개선하는 일에 상당한 부담감을 느꼈던 것 같다.

결과적으로는 경찰청의 성인지 통계 지표와 성평등지수를 재정리하는 연구를 관련 전문가들의 도움으로 무리 없이 마칠 수 있었다. 경찰청의 기존 성평등 관련 정책과 자료를 검토하고 통계보고서를 점검해, 차원-영역-지표로 구성되는 경찰청의 성인지 통계 지표 초안을 제시했다. 지표 체계는 기본적으로 경찰청 성평등정책 수립과 점검에 활용 가능한 방식으로 구성했다. 지표의 기본 구조 혹은 목표에 해당하는 '차원'은 '성평등한 경찰 조직'과 '범죄 통계의 성주류화'로 구성했다. '성평등한 경찰 조직'은 경찰 조직의 성평등 측정과 연계할 수 있도록 구성했고, '범죄 통계의 성주류화'는 성평등정책 추진을 위해 필요한 경찰청의 통계로 체계화했다. 그리고 '차원'의 세부 항목으로 각기 3개의 '영역'을 설정했다. 이렇게 해서 총 56개의 지표를 성인지 통계로 구성했다.

2020년에 업데이트한 이 성평등 지표는 2019년에 개발된 성평등 지표의 영역과 작성 방식은 그대로 유지하되, 지표를 수정·보완하는 방식으로 재구성하고 객관지표와 주관지표 각각에 표준화 방법론을 적용해 종합지수를 개발했다.[6] 성평등정책담당관은 이 2020년 지표를 기반으로 이뤄진 경찰청 성평등지수의 측정 결과를 2021년 3월 제12차 정기회의에

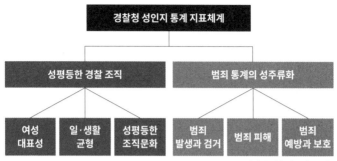

〈표 2〉 경찰청 성인지 통계 지표체계

※ 주재선·윤덕경·양준영·노성훈,
〈경찰청 성평등 통계 지표 수립 연구〉, 경찰청, 2020.

서 위원회 안건으로 상정했고, 연이어 모든 시·도 경찰청에 대한 성평등 수준을 분석해 이를 제시했다. 정말이지 어떤 기관에서도 보기 어려울 만큼 빠른 속도였다. 자료 수집 시간만 3개월 이상 걸리는 것이 일반적인데, 경찰청의 속도는 상상을 초월했다. 당시 나는 분석 결과를 함께 작성했는데, 필요한 자료를 요청하면 며칠을 넘기지 않고 수집해서 보내주었던 기억이 난다.

결과적으로 경찰청은 조직 내 성평등을 구체적으로 평가하고 작성한 최초의 기관이 되었다. 그 이후로 경찰청에서는 매년 정기적으로 성평등지수를 생산하고 있으며, 단순히 평가에 그치지 않고 위원회의 논의 자료와 전국 시·도 경찰청장 주관 회의에서도 이를 보고하고 있다. 즉 성평등지수가 경찰청 내 성평등 수준을 진단하는 주요 수단으로 자리 잡은 것이다. 경찰청의 성평등지수는 기본적으로 객관지표를 통해 측

〈표 3〉 2020년 경찰청 성평등 지표

영역	객관지표	주관지표
여성 대표성 제고	여성 경찰관 비율	채용·승진·배치 등의 인사정책은 성평등하게 수립·시행되고 있다.
	총경 이상 여성 경찰관 비율	경찰 조직에서 여성 관리자 비율은 낮은 수준이다.
	경감 이상 승진자 중 여성 경찰관 비율	보직 승진·배치 등 인사와 관련해 현장에서 성불평등한 관행이 사라졌다.
조직 내 성범죄 근절	조직 구성원의 성범죄 신고 건수 증감 및 징계 비율	조직 내 성희롱·성폭력 신고·상담·조사·지원 등의 구제 절차는 피해자를 중심으로 진행된다.
	성희롱·성폭력 예방교육 참여율	경찰관의 성범죄는 개인의 일탈 문제이다.*
		관리자들은 조직 내 성희롱·성폭력 근절을 위해 노력하고 있다.
일·생활 균형 확립	직원 연차휴가 사용률	육아휴직을 활용해도 승진·배치 등에 불이익이 없다.
	육아휴직률	불필요한 야근·대기 혹은 퇴근 후 업무 지시 등의 관행은 사라졌다.
	공무원 육아시간 사용률	일·생활 균형 제도는 언제든 자유롭게 사용할 수 있다.
경찰정책 성주류화 확대	위원회별 여성 위원 비율	-
	성평등 직무교육 참여율	대부분의 경찰관은 직무에 필요한 성인지 감수성을 갖추고 있다.
	경찰청 통계의 성별 구분 비율	경찰 조직은 성평등 기반 구축과 개선을 위한 성주류화 제도 추진에 적극적이다.

* 응답 코딩 시 역코딩 필요

※〈경찰청 성평등 통계 지표 수립 연구〉

정된다. 객관지표는 조직의 성평등이 어떤 수준인지를 객관
적으로 평가하기 위한 지표로, 총 4개 분야에 걸친 11개의 지
표들로 구성된다. 객관지표와의 대응관계 속에서 구성되는

주관지표의 경우 구성원 개인이 주관적으로 인식하는 조직의 성평등 수준을 측정하는 지표이다.

이에 일반적이라면, 객관지표와 주관지표의 측정 결과는 성평등에 있어 점수의 차이가 나더라도 영역별 성평등 수준 순위는 비슷하게 나타나야 한다. 하지만 2020년에 시행된 경찰청 성평등 측정에서는 흥미로운 결과가 나왔다. 객관적 성평등 수준은 '조직 내 성범죄 근절', '경찰정책 성주류화 확대', '일·생활 균형 확립', '여성 대표성 제고' 순으로 높게 나타난 데 비해, 주관적 성평등 인식은 '일·생활 균형 확립', '경찰정책 성주류화 확대', '여성 대표성 제고', '조직 내 성범죄 근절' 순으로 높게 나타났다. 두 지표는 각 영역별 성평등 수준 및 인식과 관련해 거의 정반대에 가까운 양상을 보여주었다. 객관적 성평등 수준 중 가장 높게 나타난 '조직 내 성범죄 근절'은 주관적 성평등 수준에서는 가장 낮았다. 또한 객관적 지표에서 매우 낮은 수준을 보였던 '여성 대표성 제고'는 주관지표에서도 3순위로 순위가 낮았지만, 점수로 따지면 다른 분야와 큰 차이가 없는 것으로 나타났다.

왜 이런 결과가 나왔을까? 성평등정책담당관실 담당자와 나는 논의 끝에 나름의 결론을 내렸다. 성평등하지 않은 문화가 경찰 조직 내에서 오랫동안 이어져온 나머지 너무도 익숙한 상황이었다는 것과 성범죄로 대표되는 여성폭력의 영역에 대한 인식 개선이 이런 결과를 만들어냈다는 것이 우리의 진단이었다. 여성 대표성 영역에서 성평등 인식이 낮게 드러난 것은 경찰 조직의 특성상 쉽게 납득 가능한 결과였다. 정리하자면, 경찰 조직 구성원들이 전반적으로 불평등은 당연하게 여기는 데 반해(여성 대표성 영역에서 성평등 인식이 낮은 것), 조직 내 성범죄 근절에 대해서는 예민하게 반응하고 있다는 것을 알 수 있었다. 조직 내 성범죄 근절의 경우, 경찰청 차원의 적극적 홍보와 관리로 성인지 민감도가 이미 높아진 상황이 큰 역할을 한 듯했다. 우리가 내린 이런 진단은 한편으로 모두를 우울하게 했다. 불평등이 익숙해서 불평등하다는 것을 느끼지 못하는 것이 사실이라면, 경찰청의 성평등 개선은 아직 갈 길이 멀다고 할 수 있기 때문이다. 하지만 당시 성평등정책 담당관은 이런 결과를 비관하기보다 희망을 찾고자 했다. 모든 경찰 구성원이 성평등의 객관적 상황을 공유하고, 더 나아가 주관적인 차원에서도 성평등과 관련한 변화를 정확히 인식할 수 있도록 꾸준히 노력하면 분명 성과가 있지 않겠냐고, 모두가 그런 비전을 가졌던 것이다.

성평등 목표를 수립한
최초의 기관

2021년 9월 경찰청은 경찰의 자율적 성평등정책 추진 기반 마련을 위해 〈경찰청 기능·기관별 성평등 목표 수립 종합계획〉을 수립했다. 해당 계획은 2021년 상반기에 측정한 경찰청 성평등 측정·분석 결과를 기초로 분야별 성평등 목표안을 마련하는 과정에서 추진되었다. 본청의 18개 국·관 및 18개 시·도 경찰청에서 각기 자율적으로 성평등 목표를 설정하되, 경찰청 성평등 지표의 수준을 기반으로 하도록 했다. 성평등 정책담당관과 목표 설정 과정을 협의한 뒤 최종적으로 성평등위원회의 보고를 통해 목표를 확정한 것이다. 우선 기능과 기관별로 2024년까지의 성평등 목표치를 설정하고 매년 추진 실적을 점검하는 방식으로 접근했다.

성평등 목표는 기본적으로 성평등 지표를 토대로 구성되었고, 시·도청 차원에서 설정하기 어려운 지표[7]들은 일부 수정·보완 작업을 거쳤다. 본청 국·관은 기능별 특성에 따라 9~10개의 측정 지표를, 시·도 경찰청은 11개의 측정 지표를 구성해 지표별 달성 수준을 측정했다. 측정 첫해인 2022년의 경우 목표 이행을 위해 시·도 경찰청 양성평등정책담당자를 대상으로 제도를 안내하고 과제 이행을 당부하는 것을 시작으로(3~4월), 본청 각 국·관 및 시·도 경찰청 자체 점검을 실시하고(6월), 본청 주관 이행 사항 점검(10월)을 통해 시·도 경찰청이 최종 점검 시까지 적극적으로 목표를 이행하도록 독려했다. 성평등 목표의 중간 점검 결과는 이와 같은 과정을 거쳐 2022년 12월 성평등위원회에 보고되었고, 2023년 3월에는 그 최종 결과가 제20차 성평등위원회 정기회의에 최초로 보고되었다.

성평등 목표를 수립하는 과정이 매끄럽기만 했던 것은

아니다. 본청 각 국·관의 기능과 시·도 경찰청의 의지만으로 달성하기 어려운 과제였을뿐더러 조직 구성원의 특성상 성평등 목표 설정이 어려운 지표도 있었기 때문이다. 대표적으로 여성 경찰관 비율과 일·생활 균형에 대한 지표들이 그랬다. 여성 경찰관 비율은 경찰청의 채용 정책 등으로 인해 자연스럽게 상승하는 추세였기에, 국·관과 시·도청이 목표로 설정해 추진하는 것이 적합한지에 대한 의문이 있었다. 그뿐만 아니라 일·생활 균형 지표들은 조직 내 부서(기능)와 기관별 구성원의 특성(성별, 연령 등)에 따라 얼마든지 변할 수 있는데, 이를 개선 목표로 잡는 것이 적합하냐는 비판도 제기되었다. 이런 문제제기는 충분히 이해할 수 있는 것이었다. 성평등 수준이 개선은 대개 모든 기능과 조직이 합심해 통합적 노력을 기울이고 서로 유기적으로 연결될 때 이뤄질 수 있는데, 본청의 국·관과 시·도 경찰청에서 추진하기 어려운 대표성 지표를 성평등 목표로 수립하라고 하니 당연히 불만이 나올 수밖에 없었다.

그렇지만 오랫동안 성평등 연구를 진행해온 연구자로서 말하건대, 성평등 개선에서 무엇보다 중요한 것은 고위 관리자의 성평등 개선 의지와 실천이다. 일례로 대구광역시는 지역 성평등지수가 처음 발표되었던 2010년에만 해도 성평등 수준이 하위권으로 분류되었으나, 이후 매우 빠른 속도로 개선이 이뤄져 상위권으로 상승했다. 여기에 큰 역할을 한 것은 대구시장의 성평등 개선 의지였다.[8] 인천광역시, 충청남도, 대

전광역시 등의 시·도에서도 지역 성평등지수의 개선을 위해 기초자치단체의 성평등 수준을 측정하고 개선하는 연구와 노력을 추진했다. 이런 노력이 여전히 성평등하지 않은 현실을 극적으로 개선했다고 보기는 어렵지만, 지방자치단체의 성평등 수준 향상에 영향을 끼친 것은 분명하다.

경찰청의 성평등 목표 수립을 높이 평가하는 것은 바로 이런 경험 때문이다. 나는 성평등 위원으로서 성평등 목표 개선을 위해 경찰청장의 성평등 개선 의지와 성평등정책담당관의 거침없는 추진력을 지켜봤다. 그리고 이러한 의지와 노력은 경찰청을 정부 부처 가운데 조직 내 성평등 수준을 최초로 측정한 기관이자, 기능과 기관별로 성평등 목표를 수립한 최초의 기관으로 자리매김시켰다.

경찰청이 진정한
성평등 조직으로 거듭나려면

물론 경찰청의 성평등 목표에 아쉬운 점이나 개선 사항이 없는 것은 아니다. 성평등 목표가 앞으로 더욱 체계적으로 작성되려면 다음의 두 가지를 고려하고 개선할 필요가 있다. 첫째, 성평등 목표의 달성을 종합적으로 평가할 수 있는 지수를 개발해야 한다. 현행 성평등 목표는 달성 여부를 중심으로 점검하고 있어, 달성에 따른 구체적인 성평등 변화는 파악하기 어렵다. 성평등 목표 달성과 그에 따른 실질적인 변화를 보여주는 평가지수를 개발해야 한다. 당장 평가지수로 검토될 수 있는 것은 경찰청 성평등지수이다. 경찰청 성평등 목표를 측정하는 지표가 성평등 지표를 기반으로 작성되어 있기 때문으로, 성평등 목표의 달성에 따른 성평등 개선을 평가하는 지수로 충분한 대안이 될 것이다. 단지, 이 경우 성평등 목표의 측정지표와 성평등 지표와 구성이 완전히 일치하지 않기에, 이를 고려한 성평등 지표의 보완이 필요할 것으로 보인다.

둘째, 성평등 목표를 설정할 때 설정 기준에 대한 지침을 마련할 필요가 있다. 현재 성평등 목표는 앞서 언급했듯 각 국·관과 시·도 경찰청에서 자율적으로 수립하게 되어 있다. 이런 방식은 각 기능과 기관별 특성을 고려하고 성평등 목표 수립 과정에서 제기되는 반발을 줄일 수 있지만, 다른 한편으로 경찰청이 제시한 전체 경찰 조직의 성평등 목표를 체계적으로 수립하기 어렵다는 문제가 있다. 따라서 성평등 목표를 자율적으로 설정하도록 하되, 성평등 목표 설정 지침을 제공해 합리적인 목표가 설정될 수 있도록 기준을 제공할 필요가 있다.

예를 들어 시·도청 위원회 '여성 위촉위원 비율'과 관련해 성평등 목표를 설정한다고 할 때, 대부분의 시·도청은 현행 수준에서 목표치를 설정한다. 이 때문에 시·도 경찰청의 평균 여성 위촉위원 비율이 30퍼센트 수준임에도, 어떤 경찰청은 목표치를 40퍼센트 이상으로, 어떤 경찰청은 20퍼센트 설정하는 일이 발생한다. 각 시·도청이 처해 있는 조건을 고려하는 것이 중요하다는 데 수긍한다 하더라도, 결코 적절한 목표치 설정은 아니다. 최소한 지표의 국·관 내지는 시·도 경찰청별 평균이나 경찰청 전체 평균 등을 고려해 적정 목표를 설정할 수 있도록 작성 지침을 제공할 필요가 있다.

누군가는 경찰청이 정부 부처 최초로 성평등 지표를 만들고 기능과 기관별 성평등 목표를 작성·발표했다는 사실에 대해 그게 뭐 그리 대수냐고 말할 수도 있다. 하지만 이는 분명 값진 성과다. 왜냐하면 이런 시도가 남성 비율이 절대적으로 많고 남성중심적 조직문화가 뿌리 깊게 박혀 있는 경찰청에서 추진되었기 때문이다. 경찰청은 아무도 가지 않은 길을 먼저 갔다. 나조차 처음에는 경찰 조직이 성평등 의식을 개선할 수 있다는 데 회의적이었지만, 경찰청 성평등 위원으로 활동하며 이런 확고한 생각을 바꾸게 되었다. 성평등 개선 의지를 가진 관리자가 단 한 명만 있어도 그 조직은 충분히 변화할 수 있다는 것을, 나는 경찰청 사례를 통해 확신하게 되었다.

이제 나는 더 이상 경찰청 성평등위원회 위원이 아니다. 하지만 경찰청 성평등위원회 민간위원 시절의 경험은 지금껏 참여했던 정부 위원회 활동 중 가장 인상 깊은 사례로 남아 있다. 물론 성평등 개선을 위한 지속적인 노력과 별개로, 경찰청이 높은 성평등 의식을 지닌 기관이라고 말하기는 아직 이르다. 그렇지만 언젠가는 경찰청이 국내를 넘어 세계에서도 최고의 성평등 기관으로 우뚝 설 수 있기를 고대해본다.

1 성인지 통계gender statistics는 여성과 남성의 조건과 사회공헌, 남녀의 필요와 특수한 문제를 반영하고자 생산 및 제시된 통계자료 일체를 의미한다. 궁극적으로는 사회의 여러 측면에서 성별로 불평등한 현상을 보여주고 이를 철폐하기 위해 만들어지는 모든 통계를 포함한다. (주재선 외, 〈성인지 통계 생산 및 활용 안내서〉, 여성가족부, 2018)

2 성평등지수Gender equality index는 성평등 수준을 하나의 지수index로 측정한 값으로, 대표적인 성평등지수는 국제적으로 성 격차 지수Gender gap index와 성불평등지수Gender inequality index가 있으며, 한국에서는 국가 성평등지수와 지역 성평등지수가 매년 발표되고 있다.

3 성 주류화Gender mainstreaming는 모든 정책에서 여성과 남성 모두의 관심과 경험을 통합적인 관점에서 계획·이행·감시 및 평가하는 것을 의미하며, 궁극적 목적은 성평등을 달성하는 데 있다. United Nations, "Report of the Economic and Social Council for 1997", A/52/3.18 September 1997.

4 분과위원회는 해당 규칙이 경찰청 성평등정책 운영 및 지원에 관한 규칙으로 제정되면서 분과위원회의 역할 등 관련 사항을 추가할 수 있게 된다.

5 지표indicator는 방향이나 목적, 기준 등을 보여주는 수치 정보로, 하나의 통계가 곧 하나의 지표가 된다. 반면 지수index란 통상적으로 여러 개의 지표가 하나로 결합한 수치화한 형태(복합지수Composite index)를 가진다. 즉 성평등지표가 성평등 수준을 보여주는 지표에 해당한다면, 성평등지수는 성평등 지표들을 결합해 하나의 수치로 작성한 성평등 수준 값에 해당한다.

6 주재선·윤덕경·양준영·노성훈, 〈경찰청 성인지 통계 지표 수립 연구〉, 경찰청, 2020, 67~98쪽.

7 성평등 목표 중 기능 단위 혹은 시·도청 단위에서 개선 목표로 설정하기 어려운 '총경 이상 여성 경찰관 비율'과 '경감 이상 승인자 중 여성 경찰관 비율'의 인사와 '조직 구성원의 성범죄

신고 건수 증감 및 징계 비율', '공무원 육아시간 평균 사용량' 등은
제외되었다.

8 〈지역별 성평등 수준 분석 연구〉(주재선 외, 여성가족부,
2019)에 따르면, 대구광역시 성평등 순위는 2010년 첫 발표에서
하위권이었다. 그러나 2012년부터 성평등 지표 개선을 위한 유관
기관 모임과 토론 등 성평등 의식을 개선하기 위해 꾸준히 노력한
결과 2017~2020년에는 상위권으로 올라섰다.

경찰 업무를 성평등하게 바꾸는 매일의 협업

김창연(젠더N다양성센터 대표, 전 경찰청 성평등정책기획계장)

범죄자가 귀엽다고요?

2018년 8월, 기사 한 편이 경찰청을 흔들었다. 피서철을 맞아 해수욕장 일대에서 진행될 예정이었던 시·도 경찰청의 불법촬영 근절 캠페인이 홍보물 때문에 전면 취소되었다는 내용의 기사였다. 문제가 된 것은 홍보물이 불법촬영 범죄자를 묘사하는 방식이었다. 범죄자는 노란 티셔츠에 파란 반바지와 멜빵을 착용하고 양쪽 볼에 홍조를 띤 귀여운 모습으로 그려졌다. 불법촬영이라는 심각한 범죄를 철없는 장난이나 놀이 정도로 사소하게 치부하고 심지어 희화화하기까지 한 이미지였다. 해수욕장에 이 캠페인을 알리는 입간판이 설치되자 비난 여론이 확산되었고, 결국 해당 지역의 경찰청에서는 행사 자체를 취소했다. 이 사건이 있었던 2018년은 경찰청에 성평등정책담당관실이 꾸려져 내가 성평등기획계장으로 일하기 시작한 해이자, 무엇보다 경찰이 디지털 성범죄에 대응하기 위해 불법촬영물 유포를 비롯한 사이버 성폭력 범죄 전담 수사팀을 전국 시·도 경찰청에 설치한 해이기도 했다.

경찰의 홍보물에 문제가 있다는 여론은 그전에도 여러 차례 제기된 바 있었다. 그리고 그 '문제'의 원인은 항상 성평등 의식 및 성인지 감수성 부재에 있었다. 그럼에도 남성 경찰관과 여성 경찰관의 성역할 고정관념을 강화한다는 비판을 받는 홍보물은 반복적으로 만들어졌다. 물론 성평등 관점에서 볼 때 부적절한 홍보물이 경찰에서만 발견되는 것은 아

불법촬영 범죄를 희화화해
문제가 된 경찰 홍보물.

© 경찰청

남성 경찰관과 여성 경찰관의 업무에
성역할 고정관념이 반영된 홍보물.

니다. 중앙정부 각 부처와 지방자치단체의 홍보물도 종종 시민들의 지적과 항의를 받곤 한다.' 하지만 경찰의 홍보물은 전 국민을 대상으로 안전과 직결되는 정보를 전달하는 창구라는 점에서 타 부처의 홍보물과 차이가 있다. 국민의 존중과 신뢰를 기반으로 일하는 공권력이기에 편견이나 통념에 치우치지 않아야 하고, 성차별을 일삼아서도 안 된다. 홍보물 역시 마찬가지다.

성별영향평가를
경찰관의 책상 위로

많은 부처의 홍보물에 성차별적 인식이 담겨 있는 것이 문제라면, 이를 제도적으로 해결하기 위해서는 어떻게 해야 할까? 그 한 가지 방법으로 성별영향평가라는 유용한 자가진단 도구가 있다. 성별영향평가는 홍보물뿐 아니라 정부 정책의 주요 계획, 사업, 법령을 발행 및 시행하기 전에 성인지적 시각에서 수정하거나 좀 더 성평등한 방향으로 나아갈 수 있도록 개선할 지점은 없는지 사전에 점검할 수 있도록 돕는다.

성별영향평가는 짧지 않은 역사를 가진 제도다. 1995년 유엔 세계여성대회에서 성주류화가 여성정책 전략으로 채택되면서 국제기구를 비롯한 각국은 모든 정책과 프로그램에 성평등 관점을 반영함으로써 공동의 목표인 성평등을 향해 함께 노력할 것을 약속한 바 있다.[2] 성별영향평가는 성주류화라는 전략이 실제로 수행될 수 있도록 제도화한 도구[3] 중 하나로, 한국에는 2004년 시범사업을 필두로 도입되었고 2011년 제정된 성별영향평가법이 그 실행을 뒷받침하고 있다. 성별영향평가는 "정부 정책이 성별에 미치는 영향과 성차별 발생 원인 등을 체계적·종합적으로 평가해 합리적으로 개선함으로써 실질적인 양성평등을 실현"하는 데 목적을 두고 있다.[4] 쉽게 말해 법령이나 계획, 사업, 홍보물 등으로 실현되는 정부 정책이 성차별적 통념을 내재하고 있지 않은지, 국민의 삶을 성평등하게 바꿀 수 있는 여지가 없는지 살펴보고, 성평등에 기여할 수 있는 방향으로 개선하기 위한 평가 체계라고 할 수 있다. 중앙정부와 지방자치단체 모두 이 제도에 참여해 성평등 관점에서 정책을 점검해왔고, 크고 작은 변화들도 꾸준히 있어왔다.[5]

불법촬영 근절 캠페인 홍보물도 발행 전에 정부홍보사업에 대한 성별영향평가를 실시했더라면, 그런 식의 홍보물이 제작되는 일도, 계획했던 캠페인 자체가 무산되는 일도 발생하지 않았을 것이다. 실제로 정부 홍보물 성별영향평가에는 "폭력에 대한 통념을 포함하고 있지 않은가?"라는 점검 항목이 있고, '성범죄를 희화화해 묘사'하는 것 역시 이 통념에 포함된다고 명시하고 있다. 하지만 당시에는 정부 홍보물도 사전 점검을 하고 전문가의 개선 의견을 받을 수 있다는 사실이 공무원들 사이에 잘 알려져 있지 않았다. 또한 전국의 크고 작은 경찰관서에서 다양한 형태의 홍보물을 자주 만들어 배포하는 경찰 조직의 특성상, 성별영향평가라는 생소한 시스템보다는 좀 더 접근이 용이하고 익숙한 다른 점검 체계가 필요했다.

성평등정책담당관실이
'같이' 하겠습니다

　이런 현실을 고려해 성평등정책담당관실에서는 일선 경찰관들이 홍보물을 제작할 때 성차별적 요소가 포함되어 있지 않은지 점검하고자 할 때 전문가의 도움을 받을 수 있는, 좀 더 접근하기 쉬운 시스템을 만들기로 했다. 포스터, 리플릿, 교육자료, 매뉴얼 등 대국민 홍보물과 그 외 국민을 대상으로 제작되는 콘텐츠의 성차별적 요소 사전 점검 체계는 세 가지의 점검 방안을 포함했다. 첫째, 무엇보다 제작하고 있는 홍보물에 대해 직접 고민하고 해결책을 찾아가는 것이 가장 바람직하기 때문에 '셀프 점검'부터 하도록 안내했다. 그 후에도 무엇이 문제인지 파악하기 어렵거나 개선 방안을 찾지 못한다면 둘째, 모든 공무원들이 적극적으로 활용하면 좋을 성별영향평가 시스템을 이용해볼 것을 제안했다. 이때 점검 결과를 좀 더 빨리 받아야 하는 상황이라면 셋째, 홍보물을 공문과 함께 본청 성평등정책담당관실로 발송하도록 했다. 그리고 담당관실에서는 외부 전문가 컨설턴트단을 구성했다.

그중 가장 많이 활용된 것은 본청 담당관실로 보내는 방법이었다. 공문과 함께 결재를 거쳐 점검을 요청하는 경우도 물론 있었지만, 많은 경우 전화나 경찰 전용 업무 메신저를 통해 홍보물을 보내왔다. '내용과 디자인을 확정해야 해서 시간이 없으니 빠르게 점검해달라', '곧 보고드려야 하니 지금 봐달라', '보고드리다가 윗분이 점검받았냐고 물어보셔서 중간에 나왔으니 얼른 살펴봐달라', '외부 전문가 말고 담당관실의 의견을 달라' 등등 사정과 사연은 항상 많았다. 이 체계를 도입하고 한동안은 담당관실에서 직접 점검하고 의견을 내는 경우가 많았는데, 하루 종일 요청받은 홍보물 점검의견서만 쓰다가 퇴근하는 날도 있었다.[6]

성평등정책담당관실은 이 과정이 해당 홍보물 담당자가 해야 할 일을 대신해주는 것이 되어선 안 된다는 데 방점을 두었다. 성평등 관점을 실무에 적용하는 것이 아직은 낯선 경찰관들에게 훈련의 기회가 될 수 있도록, 개선이 필요한 홍보물에는 그 사유를 충분히 전달했다. 개선이 필요하지 않은 홍보물에는 어떤 점에서 잘 만들어졌는지를 설명했다. 성차별적 요소를 발견하는 것이 익숙하지 않은 사람은 그 요소를 성평등한 것으로 바꾸는 일에도 마찬가지로 익숙하지 않기 때문에, 적용 가능한 구체적인 개선 방안을 제안하려고 노력했다. 내가(혹은 컨설턴트가) 대신한 것이 아니라, 담당자가 '같이' 점검한 것이 될 수 있도록 나(컨설턴트)의 의견을 이해시키는 것

성평등 관점 점검을 통한 경찰 홍보물 개선 사례

특정 직업이나 역할에 대한 성별 고정관념 탈피 사례

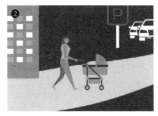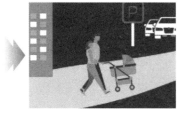

돌봄을 여성의 역할로 한정한 이미지 개선 사례

특정 성별이 사람 전체를 대표하지 않게 아이콘을 수정한 사례

특정 성별이 직업 전체를 대표하지 않게 성비 균형을 맞춘 사례

❶❷❸ ©〈성평등 경찰 업무를 위한 전지적 성평등 시점〉, (경찰청 성평등정책담당관실, 2023)
❹ © 경찰청

을 가장 중요한 원칙으로 삼았다. 충분히 이해했으면 동일한 오류가 발생하지 않을 테니 말이다.

5년이 지난 현재 여성가족부의 성별영향평가 시스템을 통해 만난 경찰청의 홍보물은 성평등 관점에서 볼 때 부적절한 경우가 확실히 많이 줄었다는 느낌을 준다. 적어도 성별 대표성 불균형의 문제, 남성 경찰관만 등장함으로써 경찰이라는 직업이 남성에게 적합하고 자연스러운 일이라는 통념을 강화하는 문제는 잘 발견되지 않는다. 경찰청은 여성가족부 시스템에 홍보물 점검을 가장 많이 요청하는 부처 중 하나라고 한다. 현장 경찰관들의 지속적인 참여가 실제로 변화를 만들어내고 있다는 생각이 든다.

물론 아쉬움도 있다. 경찰청뿐 아니라 여러 정부 부처 및 기관에서 만드는 홍보물에서 노골적인 성차별 이미지나 표현은 거의 찾아볼 수 없지만, 성역할 통념을 뒤집거나 성별, 연령, 국적, 장애 등에 대한 고정관념을 통쾌하게 넘어서는, 좀 더 적극적인 형태의 성평등 홍보물을 만나기는 어렵기 때문이다. 성별영향평가는 성차별을 피하기 위한 제도가 아니라 정부 부처와 공무원이 공공정책을 통해 국민의 삶을 성평등하게 만들기 위한 제도이다. 성별영향평가의 역사와 경험이 쌓이고 있는 만큼 정부 홍보물에서도 다채로운 성평등 콘텐츠를 발견할 수 있길 바란다.

성차별 없는 법을 만들기 위한 여정

정부 정책과 사업에 성평등 관점을 도입하기 위한 도구인 성별영향평가는 법령에도 적용되곤 한다. 법을 새로 제정하거나 개정할 때 법 조항에 성차별적 표현이나 특정 성에 불리한 내용이 담겨 있지 않은지를 반드시 점검해야 하고, 성별영향평가 관련 사항을 첨부해야만 제·개정 절차를 이행할 수 있다. 공무원은 법에 근거해 일을 한다. 법으로 정해놓은 일을 법에 규정된 방식으로 추진하는 것이다. 법의 성차별 여부를 점검해야 하는 이유는 바로 여기에 있다.

성평등정책담당관실은 경찰청의 법령 성별영향평가 과정에 누수는 없는지, 있다면 담당관실이 개입해 도움을 줄 방법이 없는지 알고 싶었다. 당시 법무계장에게 회의를 청하고 법무계[7]를 방문했는데, 법무계장은 말없이 내 이야기를 듣더니 훈령과 예규를 살펴볼 것을 제안했다. 훈령, 예규 등의 행정규칙은 공무원의 업무를 가장 일차적인 수준에서 규정하고 법령의 위임 사항이나 집행 사항을 정하고 있어 성평등 관점에서 점검이 필요하지만, 법령 성별영향평가 대상에서는 제외되고 있다는 것이었다. 법무계에서 협력하겠다는 약속도 빼놓지 않았는데, 나중에 알고 보니 법무계 입장에서 이 약속은 매우 큰 결심이 필요한 것이었다. 이 일로 인해 법무계의 업무량이 담당 경감이 몸져 누울 정도로 엄청나게 늘어났기 때문이다.

협조를 구한 만큼 그다음 단계로 나아가야 했다. 성평등 정책담당관실에서는 구체적인 계획을 세우고 이 일을 함께할 법 전문가를 찾기로 했다. 법학을 전공한 성인지 감수성을 갖춘 연구자에게 도움을 청했다. 예산이 많지 않아 전문성과 노고에 적합한 사례를 할 수 없는 상황이었음에도 그는 이 작업의 필요와 의미에 동의해주었고, 그의 도움을 받아 두 개의 과업을 진행할 수 있었다. 현행 행정규칙을 모두 검토하고 성차별적 조항을 찾아 개정안을 제시하는 것과 성평등 입법 가이드라인을 만드는 것이 바로 그것이었다.

연구자는 보안상의 이유로 대외 공개가 금지된 행정규칙을 제외하고 훈령 120개와 예규 43개 등 총 163개의 행정규칙을 분석했고, 69개의 행정규칙에서 개선이 필요한 조항 115개를 발굴해 개선안을 제시했다. 그리고 행정규칙 제·개정 시 점검해야 할 체크리스트를 개발하고, 체크리스트의 항목별 설명과 사례를 추가해 〈성평등 입법을 위한 경찰청 행정규칙 제·개정 가이드라인〉을 만들었다.[8]

끝까지 함께해서 이뤄낸
행정규칙 개정

연구자에게 최종 보고서 파일을 넘겨받은 만큼, 결과물을 잘 정리해 얼른 개정 절차를 밟고 사업을 마무리할 일만 남았다고 생각했지만, 오산이었다. 연구자의 작업은 이 사업이 넘어야 할 수많은 산봉우리 중 하나에 불과했다. 각각의 훈령, 예규는 소관 부서가 정해져 있다. 예를 들어, 〈경찰공무원 인사운영 규칙〉은 인사 부서인 인사담당관 소관의 행정규칙이다. 따라서 개정을 이끌어내기 위해서는 인사담당관이 직접 움직여야 한다. 이 규칙의 어떤 조항이 어떤 점에서 문제이고, 어떻게 바꾸는 것이 더 성평등 관점에 부합하는지 설명하고 개정에 동의하도록 설득해야 하는 것이다. 문자 그대로 모든 소관 부처를 상대로 문서를 작성해 발송하고, 전화로 설명하고, 질문에 답하고, 기다리고, 답변을 요청하고, 다시 한번 설득하는 등의 과정을 거쳤고, 그 과정에서 몇 개의 조항들은 상위법이나 타 부처와의 관계 등의 이유로 개정에서 제외되기도 했다.

소관 부서와의 지난한 소통 끝에 61개 행정규칙 95개 조항(제명 및 서식 개정, 추후 개정 포함) 개정이라는 값진 성과를 이뤄냈다. 법무계와의 본격적인 협업을 위해 조항별로 현재의 조문과 개정할 조문을 정리한 '신구 조문 대비표'를 만들어 보냈고, 법무계에서는 개정안 하나하나를 꼼꼼하게 검토하고 수정했다. 행정규칙의 전체 체계부터 자구字句까지, 모든 것이 점검 대상이었다. 성평등정책담당관실에서는 법무계에서 개정 조문의 수정안을 제시하면 이를 다시 소관 부서와 협의했다. 수정에 수정을 거듭하는 동안 법무계의 담당 경감도, 우리 쪽 담당 경위도 크게 지쳤다. 남성 경찰인 우리 부서 담당 경위님은 평소 힘든 일이 있어도 내색하지 않는 분이었는데, 소통이 거듭될수록 낯빛이 어두워졌다. '자구 수정'의 뜻이 '자꾸 수정'인 것이 아닌가 싶고 과연 개정하는 날이 오기는 할지 우려가 깊어질 때쯤, 개정안이 확정되었다. 끝은 있었다. 경위님의 표정이 다시 밝아졌다.

경찰위원회[9]의 심의·의결만 남은 상황이었다. 법무계 및 소관 부서와 논의를 마무리하고 국장부터 청장까지 보고를 마쳤어도 경찰위원회를 통과하지 못하면 이 모든 것이 무산되니, 마지막으로 거대한 산 하나가 남아 있는 셈이었다. 안건 설명과 질의에 대한 답변은 성평등정책담당관이 맡았다. 경찰위원회 위원들은 질문도 하고 추가적인 제안도 하면서 적극적으로 안건을 검토했고 결국 개정을 의결했다. 경찰위원회 측에서도 성평등한 경찰 행정과 차별 없는 법 집행의 필요성을 인식하고 있었기 때문에 큰 어려움 없이 개정을 이끌어낼 수 있었다. 당시 경찰위원회는 위원의 성별 비율이 비교적 임계치에 가깝게 구성되어 있었을 뿐 아니라[10] 여성 법조인은 물론 여성인권 활동에 헌신해온 여성단체 대표 역시 위원에 포함되어 있었는데, 이런 구성 역시 성평등 안건을 의결하는 데 든든한 기반이 되었다.

언론 역시 경찰 행정규칙의 성평등 개정에 많은 관심을 보였다. 대부분은 '포순이가 치마 대신 바지 입는다'는 식의 헤드라인으로 장식되었다는 것이 큰 아쉬움으로 남지만, 그런 헤드라인으로 담을 수 없는 의미 있는 개정도 많았다. 일례로

〈피의자 유치 및 호송 규칙〉에는 피의자가 친권이 있는 18개월 이내의 유아를 대동하는 것을 신청할 수 있다는 조항이 있는데, 여기서 피의자는 '여성 유치인'에 국한되었다. 우리는 이를 '유치인'으로 개정해 필요하다면 여성과 남성 모두가 유아 대동을 신청할 수 있도록 했다. '편부모'나 '부녀자 희롱'처럼 편견이나 고정관념이 들어 있는 용어들은 '한부모', '성희롱'으로 변경했다. 〈경찰공무원 인사운영 규칙〉에 등장하는 용어들도 예외는 아니었다. "출신, 지역 등에 편중되지 않는 균형 인사"라는 원칙에 '성별' 항목도 추가함으로써 경찰 인력 구조에서의 남녀 간 차이를 반영했다. 〈범죄수사 규칙〉의 경우, 성폭력 범죄 수사 시 유의사항을 담은 조항을 손봤다. 성폭력 피해자 조사 시 경찰관이 "피해자의 연령, 심리상태 또는 후유장애의 유무 등"을 신중하게 고려해야 한다는 것을 명시한 조항에 마찬가지로 '성별'을 추가했다. 그리고 피해자 조사 시 경찰관이 피해자에게 "수치심이나 모욕감"을 유발하지 않도록 유의해야 한다는 조항에서 '수치심'이라는 표현도 '불쾌감'으로 수정했다."

경찰청의 모든 훈령, 예규를 대상으로 한 성별영향평가 및 개정 실시 이후 성평등정책 전담부서가 설치된 보건복지부, 대검찰청, 고용노동부 등에서도 행정규칙에 대한 일괄 점검을 실시했다. 특히 대검찰청은 소관 훈령에 명시된 '성적 수치심'이라는 용어를 '성적 불쾌감'으로 변경할 것을 결정하면서 국민에게 직접 적용되는 일반 규칙에서도 해당 용어를 개

정하기로 하는 성과로 이어졌다.[12]

협업을 통해 함께 이뤄낼
성평등을 꿈꾸며

홍보물 사전 검토 작업과 행정규칙 일괄 점검 작업 모두 성평등정책담당관실이 단독으로 할 수 있는 일은 아니었다. 홍보물을 만드는 경찰관들이 취지에 공감하고 참여해야 검토할 수 있고, 행정규칙 역시 법무계의 도움과 소관 부서의 수고가 있어야만 개정할 수 있기 때문이다. '같이' 했기 때문에 끝까지 갈 수 있었다. 실제로 예상보다 더 많은 경찰관들이 이런 작업에 동참해주었고, 그 덕택에 결코 작다고 할 수 없는 여러 변화를 이뤄낼 수 있었다. 흔히 한 사람의 열 걸음보다 열 사람의 한 걸음이 더 귀하다고들 한다. 세상을 움직일 만큼 엄청난 변화까지는 아닐지 몰라도 협동과 협력으로 일궈낸 소중한 성과라는 생각이 든다.

사실 협업의 과정은 결코 쉽지도 아름답지도 않다. 협업은 기획이 아닌 실무이고, 처음부터 끝까지 감정노동을 수반하는 일이기도 하다. 하루에도 몇 번씩 반복되는 질문과 요청에 답하고, 같은 말을 되풀이하고, 거절당할 것을 예상하면서 다음 계획을 미리 짜고, 상대방의 지친 한숨을 모르는 척한다. 이런 일이 심지어 매일 발생한다. 협업은 지겨움과 짜증을 참고 끝까지 예의를 지키는 인내의 과정이다.

　그런 생각을 해본 적이 있다. 나야 다른 부서를 설득해 조금이라도 성평등한 경찰을 만드는 것이 맡은 업무이니 한 것이지만, 법무계장과 경감, 타 부서 담당자들, 현장 경찰관들은 어떻게 성평등정책담당관실과 그 많은 일들을 함께할 수 있었을까. 아마 번거롭고 힘들긴 해도 성평등이 중요한 과제이고 자신들의 업무에 도움이 된다는 데 동의했기 때문이 아니었을지 조심스레 짐작해본다. 물론 이런 그럴듯한 이유 때문이 아니라, 조직에서 요구한 과제라 어쩔 수 없이 임한 것일수도 있다. 하지만 다 좋다. 어떤 이유에서든 경찰관으로 일하면서 '나의 업무와 성평등'을 주제로 치열하게 고민해본 경험이 해볼 만한 것이었다고 기억되길 바란다.

　사실상 성평등이라는 주제에 대해 고민하고 응답한다는 것 자체가 공무원 조직에서, 아니 어쩌면 우리 사회 전반에서 드물고 익숙하지 않은 일이다. 따라서 성평등한 관점을 확립하는 여러 프로젝트를 어쩌다 한 번 있는 이벤트가 아니라 좀 더 일상적인 수준에서의 경험으로 조직할 필요가 있다. 성별영향평가나 성인지교육을 통해 1년에 한두 번 성평등 관점을 나의 일과 조직에 적용해보는 것도 귀한 기회이지만, 좀 더 근거리에서, 좀 더 자주 차별을 발견하고 평등을 찾아가는 협업의 순간들이 발생한다면 그것이 바로 성주류화가 아닐까. 경찰청 이외에도 성평등정책 전담부서를 설치하는 부처가 앞으로 더 늘어났으면 한다.

1 2014년 선거관리위원회의 웹툰과 보건복지부의 피임 포스터,
   2015년 대한적십자사 공모전 당선작인 헌혈 장려 포스터, 2016년
   선거관리위원회의 광고와 문화체육관광부의 명절 준비 포스터,
   2017년 행정안전부의 재난 대응 훈련 포스터, 2018년 조달청의
   정책 홍보 만화, 2019년 국토교통부의 일자리 포스터, 2020년
   국무총리실의 만화와 보건복지부의 방역 수칙 영상, 2021년 서울시
   임신출산정보센터 홈페이지 내 콘텐츠 등이 있다. 주로 여성을
   정치·사회 문제보다는 외모에만 관심을 두는 한심한 존재로
   묘사하거나, 가사 및 육아를 여성만의 몫인 양 표현하고, 재난 대응
   활동에서 여성을 배제하거나 성역할 고정관념 속에서 특정 직업을
   바라보는 등의 문제가 있다.

2 김경희 외, 〈2022년 성주류화제도 교육 과정 개발〉,
   한국양성평등교육진흥원, 2022.

3 성주류화를 추진하기 위한 다양한 제도(정책 수단)로는 젠더
   통계gender statistics, 성별영향평가gender impact assessment, 젠더 전문가
   컨설팅gender stakeholder consultation, 성인지 예산gender budgeting, 젠더
   지표gender indicator, 성인지 정책 교육gender equality training, 성인지
   감수성 교육gender-awareness raising 등이 있으며, 국가별 상황에 맞게
   활용되고 있다. European Institute for Gender Equality(2016),
   김경희 외(2022)에서 재인용.

4 〈2024년 성별영향평가 지침〉, 여성가족부, 2024.

5 2022년 중앙행정기관 및 지방자치단체 소속 306개 기관은 총 2만
   7109개 과제를 대상으로 법령·계획·사업 성별영향평가를 실시했다.
   〈2022년 성별영향평가 종합분석 결과보고서〉, 여성가족부, 2023.

6 형태도 내용도 다양한 경찰 홍보물을 다수 접하면서 주로 어떤
   통념이 발견되는지, 어떤 부분에서 특히 성평등 감수성이 요구되는지
   등을 파악할 수 있었다. 이를 토대로 〈성평등한 경찰 홍보물 제작
   가이드라인〉을 제작해 2018년 연말에 배포했다.

7 경찰청 기획조정관 내 규제법무개혁담당관 소속 계 중 하나다.
   규제법무개혁담당관은 법무·법률지원·송무 업무를 담당하는
   부서로, 법무 업무 중에는 소관 법령·훈령·예규·고시안 법제 심사와
   훈령·예규·고시의 발령 관련 지원이 있다.

8   한지영, 〈경찰청 행정규칙(훈령·예규) 성별영향평가〉, 경찰청, 2019.

9   경찰위원회는 경찰의 민주성과 정치적 중립을 위한 기구로 1991년 1기가 발족했고, 2021년도부터는 '국가경찰위원회'로 명칭이 변경되었다. 위원회는 〈국가경찰과 자치경찰의 조직 및 운영에 관한 법률〉 제10조, 〈국가경찰위원회 규정〉 제5조에 따른 심의·의결 기능을 가지고 있으며, '경찰청 소관 법령과 행정규칙의 제정·개정 및 폐지에 관한 사항'도 경찰위원회가 심의·의결해야 할 여러 항목 중 하나이다. 또한 위원회는 같은 법률 제14조에 따른 경찰청장 임명 동의권도 가지고 있다.

10   위원장을 포함해 총 7명으로 구성된 10기 경찰위원회는 정무직인 상임위원 1명을 제외한 6명의 비상임위원 중 여성 위원이 2명이었다. 〈양성평등기본법〉은 특정 성별이 위촉직 위원 수의 10분의 6을 초과하지 않도록 규정(제21조 제2항)하고 있는데, 여기에는 다소 미치지 못한다. 경찰위원회는 주요 경찰정책과 경찰 업무, 인권 보호 관련 경찰의 운영·개선 등 국민의 안전과 권익에 직접 영향을 미치는 사안을 결정하는 단위인 만큼 국민의 이해와 요구를 더욱 촘촘하게 반영할 수 있도록 위원이 구성되는 것이 중요하다. 이는 국가경찰위원회뿐 아니라 시민의 삶에 밀접한 생활 안전을 다루는 자치경찰위원회에도 해당되는 내용이다.

11   소관 부서에서는 '수치심'이 상위법에서 사용하고 있는 용어라는 이유로 수정해도 괜찮을지 심사숙고한 끝에 개정에 동의했다. 경찰청 훈령에서 이 표현이 개정된 후 대검찰청에서도 소관 법령 내 '수치심' 용어를 개정하기로 했으니, 관련 법간 용어 불일치 문제는 자연스럽게 해결된 셈이다.

12   〈검찰, '성적 수치심'→'성적 불쾌감' 성차별 용어 바꾼다〉, 《한겨레》, 2021. 5. 25. '성적 수치심'은 과거의 '정조' 관념에 뿌리를 두고 있는 성차별적 용어로서 피해자가 느끼는 감정과는 거리가 멀 뿐 아니라 피해자다움을 강요한다는 점에서 지속적으로 문제제기된 용어다. 참고로, 2022년 대법원 양형위원회는 법관이 형을 정하는 데 참고하는 기준인 양형 기준의 양형인자에서 '성적 수치심'을 '성적 불쾌감'으로 변경하기로 의결했다(〈성적 수치심 → 성적 불쾌감… 대법원 양형위, 성차별 용어 폐기〉, 《여성신문》, 2022. 7. 6).

경찰서 곳곳에 숨겨진
공간의 정치

이해리(서울시 시민인권보호관, 전 경찰청 성평등정책운영계 행정관)

경찰, 나의 동료가 되다

2019년 12월, 경찰청 성평등정책담당관실 성평등정책 분야 담당으로 임용돼 처음 출근하던 날이 아직도 생생하다. 경찰청에서 성평등과 관련해 어떤 일을 하게 될지, 잘해낼 수 있을지 걱정과 기대를 동시에 안고 한 걸음 한 걸음을 뗐다. 나는 성평등정책, 성희롱·성폭력, 이주(다문화), 차별 등 여성을 비롯한 한국사회의 약자들이 겪고 있는 불평등과 폭력의 문제를 해결하기 위해 현장의 다양한 프로젝트를 기획하고 지원하는 조직에 오랫동안 몸담았다. 그런 내가 경찰청이라는 낯선 조직에서 일해보기로 결심하게 된 것은 시민의 안전을 최일선에서 지키는 경찰 조직의 유의미한 변화들을 보게 되었기 때문이다. 성평등정책 전담부서를 만든 8개 정부 부처 중에서 가장 먼저 부서를 신설하고(2018년), 조직의 근본적인 변화를 위해 성주류화 정책을 추진하는 모습이 바로 그랬다.

2019년 당시 경찰청 성평등정책담당관실은 여성학을 전공한 외부 전문가를 부서장으로 임명했을 뿐 아니라, 정책, 교육 등 주요 업무별로도 외부 전문가를 채용했다. 더불어 본청 외 18개 시·도 경찰청과 5개 소속기관에 성평등정책 전문가들을 1명씩 채용해 본청과 시·도 경찰청이 긴밀하게 협력하며 성주류화 및 주요 정책들을 추진하고 있었다. 본청의 의지와 계획대로 성평등정책을 전국 단위로 확산하고 추진하는 곳은 경찰청이 유일했다. 정부 부처가 왜 성평등 관점과 성평등정책에 대한 전문성을 바탕으로 거버넌스를 구축해야 하는지, 그리고 그 거버넌스를 통해 시민들의 삶에 지대한 영향을 미치는 정책을 어떻게 수립하고 추진해야 하는지 경찰청 성평등정책담당관실을 보면서 다시 한번 확인할 수 있었다.

사회적으로 경찰 관련 이슈가 부상할 때는 흔히 다음과 같은 두 가지 상황 중 하나에 해당한다. 시민의 안전을 지키는 경찰 본연의 업무를 제대로 수행하지 못했거나, 그와 반대로 시민을 위해 자신을 희생했거나. 그러나 언론은 주로 경찰이 제대로 대응하지 못한 사건들을 중심으로 보도를 하는 경향이 있다. 내가 생각하는 경찰 역시 그와 별반 다르지 않았다. 경찰은 언제나 성평등 감수성이 부족한 조직으로 상기되었다. 젠더폭력 사건에서 몰성적gender-blind 관점으로 가해자 중심의 수사를 이어가거나 피해자에게 2차가해를 가하는 식으로 말이다.

예를 들어 2017년 11월 2일, (사)한국여성의전화 부설 가정폭력 피해자 보호시설에 가해자가 침입하는 사건이 발생했다. 이 사건은 피해자 및 관련 기관 종사자의 안전을 심각하게 위협해 많은 이들을 큰 충격에 빠뜨렸다. 한국여성의전화 쉼터 활동가들은 신고를 받고 출동한 경찰관들에게 쉼터에 거주하는 피해자를 보호하기 위해 가해자 즉시 격리와 임의동행을 요청했으나, 경찰은 가해자가 '위해 행위'를 하지 않았다는 이유로 격리 조치를 하지 않았으며 임의동행 역시 '주거의 평온을 깨지 않았다'는 이유로 거부했다. 사건이 발생한 지 한 시간가량이 지나 도착한 여성청소년 수사팀 경찰들조차 '자녀를 보기 전까지는 한 발자국도 움직이지 않겠다'는 가해자의 요구를 수용하며 활동가에게 가해자를 대면해 설득하라고 종용했다. 가정폭력 사건과 보호시설에 대한 이해가 전무한 경찰이 아무런 대응도 하지 않는 사이, 결국 활동가들이 직접 나서 현수막으로 가해자의 시야를 가렸다. 그렇게 사건 발생 후 3시간 30분이 지나서야 두려움에 떨던 보호시설 입소자들이 피신할 수 있었다.[1]

이 사건은 젠더폭력 현장에 왜 성평등 관점을 갖춘 공권력이 필요한지 보여준다. 성평등 감수성이 없는 공권력은 피해자를 보호할 수도, 젠더폭력의 문제를 해결할 수도 없다. 사실 성평등 감수성을 필수 직무 역량으로 간주하지 않는 것은 경찰뿐 아니라 모든 공공영역에 해당하는 공통된 현상이다. 이 사실을 잘 알고 있기에, 경찰청 임용 당시 성평등정책 전문가로서 경찰 내부 구성원들이 성평등 감수성을 가지고 직무를 수행할 수 있도록 도와야 한다는 생각과 책임감이 먼저 들었다.

2019년 경찰청 성평등정책담당관실은 2계(팀)에 걸친 총 8명으로 구성되어 있었다. 다른 부서에 비해 작은 규모였으나, 〈2018~2019 경찰청 성평등 기본계획〉을 수립하고 이에 근거해 본청뿐 아니라 전국 시·도 경찰청 내에서 다양한 성주류화 정책들을 펼쳐나갔다. 내가 속한 운영계는 경찰 대상 성평등 직무 역량 향상 교육, 성희롱·성폭력 예방교육, 경찰관서 편의시설 개선 사업 등을 추진하고 있었다. 경찰청 소속 경찰관과 행정공무원들은 성평등정책담당관실에서 근무하기 전까지는 성평등 및 성주류화와 관련된 업무를 수행해본 적이 없었다. 그럼에도 외부 전문가들과 협업해 젠더 관점에 기초한 교육 자료를 개발하고, 경찰 편의시설 개선을 위한 체크리스트를 마련하는 등 여러 업무를 적극적으로 실행하고 있었다. 기존에 하던 것과 완전히 다른 새로운 분야의 업무를 성실히 해내고 내부 설득이라는 쉽지 않은 과정을 거치면서 추진한 결과물은 놀랄 만큼 훌륭했다. 그 결과물을 보면서 경찰에 대한 편견과 고정관념을 깨고 그들을 진정한 동료로 여기게 되었고, 그들에 대한 존중심이 마음 깊숙이 자리 잡았다.

경찰, 그리고 여성 경찰

경찰청 성평등정책담당관실에 임용된 후, 나는 경찰 대상 성평등 직무 역량 향상 교육 및 성희롱·성폭력 예방교육, 조직 내 성평등 의제 확산, 경찰관서 편의시설 개선 등의 업무를 도맡아 추진했다. 그렇게 경찰 조직을 실제로 겪으면서 조직 내 소수자인 여성 경찰의 위치를 더 명확히 볼 수 있었다. 경찰 조직에서는 성별에 기반한 직무 분리와 업무 배제가 여전히 문화와 규범으로 공고히 자리 잡고 있었다.

무엇보다 2020년 당시 경찰 내부에는 여성 경찰이 원해도 쉽게 갈 수 없는 부서(직무)가 있었다. 형사, 수사, 경비 부서 등이 그랬다. 즉 여성 경찰들은 여성이라는 이유로 특정 부서나 업무에 진입하는 데 어려움을 겪었다. 물론 나 역시 사회적 고정관념에서 자유롭지 못해서, 사건 수사, 범죄자 검거 등과 같은 전형적인 경찰 업무를 떠올릴 때면 으레 제복을 갖춰 입은 남성 경찰관을 상상하곤 한다. 이렇듯 '경찰=물리력=남성'이라는 도식은 대다수 사회구성원의 머릿속에 확고하게 자리 잡고 있다.

2021년 경찰청이 발행한 '여성 경찰 혐오 담론 분석 및 대응 방안 연구 용역' 최종 보고서에 따르면, '경찰=물리력=남성'이라는 도식은 경찰 직무 배치에서 여성을 배제하는 논리로 작용하고 있었다. 그 결과 여성 경찰은 여성 업무 전담 인력으로 인식돼 부가적인 필요에 의해서만 채용되고 배치되었다.[2] 보고서는 이런 식의 성별 직무 분리 관행이 결과적으로 '여성 경찰 무용론'을 확산시켰다고 분석하며, 그것을 "'경찰=물리력=남성'이라는 잘못된 인식에 기반해 모든 여성 경찰을 무능력한 존재로 폄훼하는 현상"이자 "여성 경찰의 사기를 떨어뜨리고 모욕감을 주는 현상으로 허용해서는 안 되는 인권 침해"로 규정했다.[3]

즉 여성 경찰들은 주로 경무, 홍보, 젠더폭력을 다루는 부서 등 소위 '여성이 해야 한다'고 인식되는 부서들에 주로 배치받았다. '능력도 안 되는데 여성이라는 이유만으로 편한 일을 하면서 승진한다'거나 '여성 경찰 때문에 남성 경찰이 역차별을 당한다'라는 식의 그릇된 인식이 확산되는 데는 이런 배경이 있었다. 그러나 내가 만나본 여성 경찰들은 남성 경찰과 동등하게 경찰로서 업무 기회를 부여받길 원했고, 순전히 자신의 역량으로만 평가받길 원했다. 당사자가 원치 않는 '배려'가 어떻게 '배제'를 만들어내는지, 그 관행이 대체 누구를 위한 것인지 근본적인 질문을 던질 필요가 있었다.

여성 경찰은 있는데
여성시설은 없다?

2018년 권력과 위계에 의한 성폭력을 고발하는 미투운동이 확산되면서 성폭력을 수사하는 경찰의 몰성적·남성중심적 수사 방식에 변화를 촉구하는 시민의 요구가 거세졌다. 이에 경찰청은 2020년부터 경찰대학 및 간부후보생 성별통합 모집 실시, 여성 관리자 확대 목표제 도입, 여성 경찰관 비율 15퍼센트 확대[4] 등 '여성 경찰관 양성 및 확대' 정책을 수립했다. 시민의 요구에 부합하기 위해서는 무엇보다 경찰 조직 내부에서 먼저 성별 균형을 이뤄야 했던 것이다. 경찰 조직에서 여성 경찰의 비율이 늘어난다는 것은 단순히 대다수의 피해자가 여성인 범죄를 수사하고 피해자를 보호하는 경찰의 비율이 늘어난다는 것을 뜻하지 않는다. 이는 더 나아가 절대 다수였던 남성 경찰 중심의 공간과 직무 수행 방식 등 모든 점에서 '성별 권력'을 제고해야 한다는 것을 의미한다.

경찰 업무가 수행되는 가장 대표적인 공간인 경찰관서나 지구대를 떠올려보자. 흔히 책상과 컴퓨터, 그리고 그곳에서 근무하고 있는 경찰관의 모습을 그려볼 수 있을 것이다. 그러나 그 외에도 경찰 업무를 수행하기 위해 반드시 필요한 시설들이 있다. 바로 경찰 편의시설이다. 사실상 편의시설이라기보다는 원활한 업무 수행에 필수적인 기본시설이라고 할 수 있다. 즉 교대근무와 야간근무가 필수인 직무 특성상 탈의실, 숙직실(당직실), 샤워실, 체력단련실 등과 같은 근무 환경이 마련되어야 한다.

따라서 여성 경찰들에게도 당연히 관서 내 탈의실, 샤워실, 당직 시설 등 기본시설이 필요하다. 그런데 정작 현실에서는 가장 기초적인 기본시설인 화장실조차 남녀공용인 곳이 대다수인 탓에 여성 경찰관이 발령을 받지 못하는 일까지 발생하고 있었다. 2018년 말부터 2019년 7월 경까지 성평등정책담당관실에서 추진한 전국 시·도 경찰청 및 소속기관 여성 근무자 간담회에서도 여성 기본시설 확충 등 근무 환경을 개선해야 한다는 요구가 지속적으로 제기되었고, 경찰청이 시행한 '여성 경찰 편의시설 설치에 대한 자체 설문조사'에서도 여성 경찰들이 화장실 개선·확충을 1순위로 꼽은 것으로 알려졌다.[5]

당시 언론 보도에 따르면, 2018년 10월 행정안전위원회[6] 소속 권미혁 더불어민주당 의원 측이 경찰청부터 파출소까지 총 2284개의 시설을 대상으로 전수조사를 진행한 결과, 다수의 경찰관서가 여성 경찰이 이용할 수 있는 시설을 제대로 갖추고 있지 않은 것으로 드러났다. 경찰관서 업무처리편람에 따라 경찰청과 시·도 경찰청의 경우 여성 경찰 및 여성 직원 휴게실은 1~4인 기준 15제곱미터, 목욕실(여성·남성)은 인원 ×1.5제곱미터라는 기준에 맞춰 설치해야 하지만, 전국 경찰 시설 2284개 중 498곳은 여성 샤워실을 갖추고 있지 않았고, 179곳은 여성 화장실조차 없었다.[7]

지역별로 보면 현재 여성 경찰이 근무하는 서울 지역 지구대(파출소)는 230곳으로, 이 중 남성 시설은 갖추고 있지만 여성 샤워실은 없는 곳이 48곳이었고, 여성 화장실이 없는 곳도 6곳에 달했다. 경남은 157개 지구대(파출소) 중 109곳에서 여성 경찰이 근무하는데, 이 중 여성 샤워실이 없는 곳이 33곳이었다. 충북은 여성 경찰이 근무하는 곳이 58곳이지만 휴게시간에 수면을 취할 수 있는 여성 당직실이 없는 관서가 4곳이었다. 특히 여성 경찰 비율이 37퍼센트에 달하는 경찰청의 경우 남성 목욕탕은 3개나 보유하고 있는 반면, 여성 목욕탕은 단 1개도 갖추지 않은 것으로 나타났다.[8]

여성가족부의 〈경찰관서 편의시설 특정성별영향평가〉(2019)에 포함된 전국 경찰관서 편의시설 현황 자료와 온라인 설문조사 결과도 별반 다르지 않았다. 254개 경찰서 중 여성 휴게실이 없는 곳은 79개소였고, 여성 샤워실이 없는 곳은 7개소, 여성 당직실이 없는 곳은 5개소로 집계됐다. 2018년 기준 지구대(파출소) 2007개소 중 여성 샤워실이 없는 곳은 637개소, 여성 화장실이 없는 곳은 265개소, 여성 당직실이 없는 곳은 241개소에 달했다.[9]

경찰관서 내 편의시설 설치 유무는 근무의 질 및 근무 역량과 직결되는 매우 중요한 사항이다. 게다가 편의시설 유무는 근무지 배치에 영향을 주기도 한다. 〈경찰관서 편의시설 특정성별영향평가〉에 따르면, 여성 경찰들 중에는 해당 관서에 기본시설이 부재해 근무지에 배치받지 못한 경험을 한 이들이 있었다. 이뿐만 아니라 편의시설이 부족한 근무지를 꺼리는 경향이 두드러졌다.[10] 만약 근무하는 회사에 화장실이 없어 외부에 있는 별도 건물의 화장실을 이용해야 한다거나 주 2회 교대근무를 해야 하는데 수면을 취할 공간이 없다면 어느 누가 그곳에서 일할 수 있겠는가? 여기에 문제의식을 느낀 성평등정책담당관실은 조직 내 성별 불균형으로 인해 발생하고 있는 문제를 해소하기 위한 주요한 정책 과제 중 하나로 성평등 관점이 투영된 경찰관서 시설 개선 가이드라인 개발 작업에 착수했다.

경찰 '모두'를 위해
함께 바꿔갈 공간

성평등 관점이 반영된 경찰관서 시설 개선 가이드라인

개발을 위한 편의시설 실태조사 결과, 전국 경찰관서 시설 대부분이 전체적으로 매우 노후하고, 비단 여성 경찰뿐 아니라 남성 경찰 역시 열악한 시설로 인해 큰 어려움을 겪고 있다는 점이 드러났다. 경찰관서 기본시설은 단지 편의를 넘어 경찰 업무 역량과 연계되는 부분이다. 국정감사, 경찰개혁위원회, 언론 보도 등을 통해 기본시설 부재 등 특히 열악한 여성 근무환경 개선에 대한 요구가 지속되자, 경찰청 재정담당관 국유재산계"는 2019년 초 여성 편의시설 현황 전수조사 및 설문조사 등을 통해 경찰청 여성시설 개선을 위한 계획을 수립했다. 그 후 사용자 편의성 및 시급성, 예산 범위, 사용 빈도 등을 고려해 시설별 개선 우선순위를 설정하고 시설 개선 예산을 확보해, 개선이 시급한 '지역관서 1층 화장실' 약 97여 개소에서 성별 분리 설치를 추진했다.

당시 경찰청 국유재산계에서 추진하던 여성시설 개선 작업은 여성 화장실 설치 등 성별 분리 조치에만 초점을 두고 있었다. 그러나 분리 조치를 넘어 경찰 직무 특성, 사용자의 성별 특성과 차이 등 성평등 관점을 반영한 시설 개선을 위한 가이드라인이 필요했다.[12] 여성친화도시, 여성친화 공공시설 가이드라인 등 기존 모델을 활용하는 방안도 고민해보았지만, 그 가이드라인을 경찰서 기본시설에 그대로 반영해 개선하기에는 어려움이 있었다.

따라서 성평등정책담당관실에서는 전국 시·도 경찰청 및 소속기관 여성 근무자 간담회, 전문가 합동 경찰서 현장 점검 등을 추진하고, 기존 여성친화시설 모델을 참조하면서도 경찰 조직과 직무의 특성을 고려한 독자적인 〈경찰서 기본시설 개선 성평등 가이드라인〉을 개발했다. 성평등정책담당관실은 이 가이드라인을 통해 편의시설이 업무 편의를 제공하는 부수적이고 선택적인 시설이 아니라, 직무 수행에 없어서는 안 될 필수적인 시설임을 강조하기 위해 '편의시설'이라는 명칭을 '기본시설'로 변경해 사용할 것을 제안했다.

기존의 여성친화 모델이 돌봄 수행자로서의 여성을 고려해 범죄에서 안전한 환경을 구축하고 생활의 편의를 증진하는 데 초점을 맞춰 공간 개선을 시도했다면, 성평등정책담당관실의 〈경찰서 기본시설 개선 성평등 가이드라인〉은 근무 환경 개선에 초점을 맞췄다. 기존의 경찰시설을 지배하던 남성 경찰 중심의 공간 구성을 면밀히 분석해 경찰 조직을 성평등한 방향으로 변화시키고자 한 것이다. 이를 위해, 성별 분리를 우선적으로 추진해야 하는 총 5개의 기본시설(휴게실, 수면실 및 당직실, 탈의실, 샤워실, 체력단련실)을 중심으로 성별 분리, 접근성, 편의성, 안전성, 사용자 관점 등 성평등하고 인권친화적인 기본시설 조성을 위한 분석틀을 적용해 성평등 가이드라인(118쪽 〈표 4〉)을 제시했다.

경찰서 기본시설 개선 성평등 가이드라인 개발을 위한 현장 실사에서 여성 경찰관과 남성 경찰관이 공통적으로 지적한 사항은 기본시설이 노후하거나 미비하다는 점과 시설의 위치 및 동선, 안전, 사생활 보호 등을 전혀 고려하고 있지 않

〈표 4〉 경찰서 기본시설 개선 성평등 가이드라인 중
수면실(당직실) 체크 리스트

	Check Ⅰ. 수면실(당직실)이 설치되어 있나요?	예	아니오
1	수면실(당직실)이 성별 분리되어 각각 설치되어 있나요?		
2	독립된 하나의 공간으로 단독 설치되어 있나요?		
3	설치된 수면실(당직실) 면적이 사용 인원 대비 충분한가요?		

	Check Ⅱ. 위치는 적절한가요?	예	아니오
4	24시간 근무해야 하는 부서 가까운 곳에 설치되어 있나요?		
5	외부인 접근이 차단된 곳에 위치해 있나요?		

	Check Ⅲ. 수면 보장을 위한 적절한 기능을 갖췄나요?	예	아니오
6	개별 침대(혹은 바닥 난방시설) 및 침구가 갖춰져 있나요?		
7	수면을 방해하는 소음을 차단하는 기능을 갖고 있나요?		
8	계절과 상관없이 이용할 수 있도록 냉·난방 기기가 설치되어 있나요?		
9	겸용으로 수면실을 사용할 경우, 수면 공간의 조명을 단독으로 조절할 수 있나요?		
10	2인 이상 이용 수면실(당직실)의 경우 커튼 혹은 칸막이로 개인별 수면 공간을 확보했나요?		
11	정기적 청소 등으로 쾌적한 공간으로 유지되고 있나요?		

	Check Ⅳ. 이용하는 사용자의 안전이 보장되어 있나요?	예	아니오
12	문을 열었을 때 내부가 직접 보이지 않도록 커튼이나 가림막이 설치되어 있나요?		
13	수면실 출입문에 전자식 잠금장치가 별도로 설치되어 있나요?		

※〈성평등 경찰 업무를 위한 전지적 성평등 시점〉(경찰청 성평등정책담당관실, 2023)

다는 점이었다. 예를 들어 체육시설에 여성 샤워실 및 탈의실이 없어 사실상 남성 전용 체육관으로만 기능한다든가, 관서 내 샤워실이 화장실과 겸용으로 되어 있어 샤워실로서의 기능을 하지 못한다든가, 당직실과 휴게실이 겸용으로 사용되어 수면을 취하는 사람과 휴식을 취하는 사람이 한 공간을 이용하게 되고 그 결과 수면의 질이 확보되지 않는 경우 등이 대표적이었다. 이런 현장의 목소리를 반영해, 경찰관서 기본시설 본래의 기능을 강화하고 성평등 관점에서 시설 사용자를 고려한 성별 분리, 위치 및 동선, 안전 및 사생활 보호 등을 점검해 기본시설을 개선할 수 있도록 했다. 가이드라인 개발 후 시·도 경찰청의 협조를 구해 전국 경찰서 약 257개를 대상으로 기본시설 현황 점검을 추진했다.

성평등정책담당관실은 독자적인 가이드라인 개발에 그치지 않고, 향후 늘어날 여성 인력에 대비하고 경찰관서 신축·증축 설계 기준 및 관련 규정·지침 등에 성평등 관점을 반영하기 위해 전문적인 정책 연구 용역을 추진하고자 했다. 그러나 정책 연구를 위한 예산이 부재해 경찰청 내 정책 연구 용역이 필요한 전체 부서들의 수요와 내용을 심사해 예산을 지원하는 내부 지원 경쟁 절차를 거쳐 예산을 확보할 수밖에 없었다. 당시 경찰청 내 연구 용역 예산이 필요한 부서는 너무나 많았기 때문에 국·부서, 용역 주제, 용역 예산 등 여러 요소를 고려한 심사가 진행되었고, 다행히 '경찰관서 기본시설 설치 및 기능 강화를 위한 성평등 가이드라인 개발' 정책 연구가 선정되었다. 이런 결과는 경찰 조직의 지휘부 역시 성평등한 방향으로 시설을 개선하는 일에 큰 의지를 가지고 있음을 보여주었다.

예산 확보 후 공개입찰을 거쳐 경찰서 내 인권친화적인 유치장과 조사실 구축을 위한 가이드라인을 개발한 전문가가 〈경찰관서 기본시설 설치 및 기능 강화를 위한 성평등 가이드라인 개발〉 정책 연구의 책임연구자로 선정되었다. 성평등정책담당관실은 연구 추진에 앞서 건축 및 경찰관서 시설에 대한 전문가뿐 아니라 경찰시설에 성평등 관점을 투영할 수 있도록 〈경찰관서 편의시설 특정성별영향평가〉 연구책임자를 공동연구원으로 섭외해 함께 연구 용역을 진행할 것을 제안했다. 건축 및 시설 계통의 전문가와 성평등 전문가를 한 팀으로 구성한 것은 건축 설계 혹은 성평등 관점 중 어느 한쪽만을 내세우는 협소한 변화를 지양하기 위해서였다. 즉 성평등정책담당관실은 단지 시설 개선뿐 아니라 성별과 성평등을 고려한 시설 구축을 통해 그간 당연하게 여겨온 남성중심적 조직문화와 관점을 바꿀 수 있는 가이드라인을 개발하고자 했다. 건축 전문가와 성평등 전문가로 구성된 연구 용역팀은 다음과 같은 내용들을 분석하며 성평등한 경찰관서 기본시설 가이드라인을 개발했다.

- 여성 경찰 비율 증가 등에 따른 조직 구성의 변화
- 디지털 성범죄 같은 심각한 젠더폭력 사건 등에 따른 시민

들의 치안 수요 변화

- 유니버설 디자인
- 여성친화시설 등 공공시설 및 편의시설의 변화 추세
- 국방부 등 유사 기관 및 해외 경찰관서 사례
- 표본 경찰관서 기본시설 실태조사 및 특성

연구 용역팀을 통해 경찰관서 기본시설 설계 기준과 설치 가이드라인을 개발하는 과제는 직원 휴게실, 탈의실, 샤워실, 목욕실 등 시설 개념을 정의하고 설치 기준을 규정하는 〈경찰관서 신·증축 및 국유재산 업무 처리 편람 기준〉 담당 부서인 재정담당관 국유재산계와 협업하는 일이기도 했다. 대다수 경찰관서가 면적이 제한되어 있는 오래된 건물이었던 탓에 새로운 가이드라인을 적용하는 데 한계가 있었고, 따라서 새롭게 증축·신축하는 곳부터 우선적으로 가이드라인을 적용할 필요가 있었다. 그리고 그렇게 하기 위해서는 국유재산계의 협조를 구해야 했다. 성평등정책담당관실에서는 국유재산계 사무관과도 주기적인 회의를 통해 경찰관서 전체에 적용할 수 있는 면적 기준을 재산출하고, 새롭게 신축·증축되는 경찰관서에 성평등정책담당관실에서 개발한 가이드라인이 적용될 수 있도록 긴밀하게 소통했다. 경찰청 국유재산계 담당 사무관은 〈경찰관서 신·증축 및 국유재산 업무 처리 편람 기준〉에 성평등한 경찰관서 기본시설 가이드라인을 적용할 수 있는 방안을 함께 모색하는 등 지속적으로 협조해주었다.

 이런 노력을 통해 경찰관서의 성평등 기본시설에 대한 개념과 유형, 조성 원칙을 정의하고, 실제로 그 원칙에 따라 기본시설을 조성하기 위해 경찰청사 기본시설 설치 기준, 기본시설 가이드라인의 적용을 위한 모델(안) 및 설치 표준도면 (안) 등을 연구 용역을 통해 제시해 언뜻 사소해 보이지만 중요한 기본시설 변화를 이끌어냈다. 경찰관서 기본시설 성평등 가이드라인 개발 이후 충남경찰청은 충남 전 지역 약 15개 경찰관서를 대상으로 기본시설 점검 및 개선을 추진해 성평등한 업무 환경을 구축하기 위한 공간 변화를 시도했다.[13]

 세종경찰청은 2021년 10월 5일 새로이 문을 연 세종남부서의 숙직실과 화장실 등 전체 기본시설을 동일 면적으로 설계하고 설치해 여성과 남성 모두에게 안전한 업무 공간을 확보했다. 특히 체력단련실 내 동일 면적으로 (성별에 따라) 분리 설치된 샤워실과 탈의실은 여성 경찰 및 여성 근무자들의 이용 빈도를 높였다. 오랫동안 남성 근무자들의 전유물이었던 체력단련실이 모든 경찰과 직원들의 건강 및 체력 증진에 기여하는 기본시설로 탈바꿈한 것이다.[14]

 공간은 단순히 물리적 환경만을 의미하지 않는다. 공간은 그 안에서 함께 일하고, 활동하고, 거주하는 사람들의 정치적 역학관계에 따라 구성된다. 거주하거나 근무하는 공간이 구성되는 방식은 그 안에서 생활하는 이들의 삶의 질에 지대한 영향을 끼친다. 따라서 모든 경찰이 동등하게 자신의 직무를 수행할 수 있도록 업무 공간을 새롭게 구성하는 시도는 매우 중요하다. 경찰이 이용하는 기본시설을 성평등하게 바꾸는 과정은 경찰 조직에 사회를 구성하는 다양성을 인지하는 계기를 마련해줄 수 있다.

경찰관서 내 주요 시설과 공간에 성평등 관점을 반영한다는 것은 단지 몇몇 공간을 성별에 따라 분리하거나 여성 경찰만의 것으로 만드는 일이 아니다. 이는 지금껏 조직 내부에서 당연하게 여겨온 관점과 문화를 근본적으로 돌이켜보고 성찰하는 일이다. 경찰이 보여준 기본시설 개선 작업은 공간을 통해 재생산되는 성별 불평등을 없애고, 그 혜택을 여성 경찰과 남성 경찰 모두가 누릴 수 있도록 했다는 점에서 성평등 정책이 우리 모두를 위한 것임을 생생히 보여주는 사례로 꼽힐 만하다.

1   한국여성의전화 홈페이지 내용(https://
    hotline25.tistory.com/610)을 참조해 재구성했다.

2   〈경찰 내부서 분석한 여경 혐오 이유는… "성별 직무 분리 관행
    탓"〉,《한국일보》, 2022. 1. 28.

3   같은 기사.

4   여성 경찰관의 비율은 약 11퍼센트였으며(2017년 〈경찰통계연보〉
    기준), 2022년까지 15퍼센트로 확대하는 것을 목표로 했다.

5   〈여경 비율 15%까지 늘린다면서… 女 화장실도 없는 경찰〉,
    《헤럴드경제》, 2020. 1. 28.

6   경찰청(경찰청 산하단체 포함)은 국회 행정안전위원회 소관
    부처로 헌법 제61조, 국회법 제127조, 국정감사 및 조사에
    관한 법률의 규정에 따라 행정안전위원회는 경찰청의 국정
    전반에 대한 감사를 매년 실시해 그 운영 실태를 파악한 뒤,
    예산안·기금운용계획안 심사 및 입법 활동 등에 필요한 자료와
    정보를 획득하고 있다.

7   〈여경 샤워시설 10곳 중 2곳 '無'〉,《메디컬월드뉴스》, 2018. 10. 10.

8   같은 기사.

9   여성가족부, 〈경찰관서 편의시설 특정성별영향평가〉, 2019

10 같은 보고서.

11 경찰청 홈페이지에 게재된 소개에 따르면, 경찰청이 사용하거나
    소유하고 있는 국유재산을 관리하고, 경찰관서 시설계획을
    수립하는 부서를 말한다. https://www.police.go.kr/www/
    agency/orginfo/orginfo02.jsp#none

12 공간 및 시설에 성평등 관점을 반영해 공간을 재구성한 가장
    대표적인 사례로는 〈양성평등기본법〉 제39조 제1항에 근거한
    여성친화도시 정책을 꼽을 수 있다. 여성가족부는 2009년
    여성친화도시 조성 및 확산을 위한 추진 계획을 수립한 뒤 꾸준히
    실행하고 있다. 여성친화도시Women Friendly City는 여성과 남성이
    지역 정책과 발전 과정에 동등하게 참여하도록 하고, 그 혜택도
    고루 받도록 하는 것을 목표로 한다(〈여성친화시설 인증평가
    보고서 여성친화 화장실·여성친화 주차장〉, 서울여성가족재단,

2012). 서울시를 포함한 각 지자체들은 여성친화도시 조성에
합류했고, 지역에서 여성친화도시 공간 조성 가이드라인을 개발해
여성뿐 아니라 장애인, 어린이, 노인 등 사회적 약자가 주체가
되는 공간을 조성하고자 했다. 서울시 2012년 여성친화시설
인증제도 등이 대표적인 사례라 할 수 있다. 이런 정책은 여러
소수자들의 입장과 필요를 고려한 도시·건축 모델이 확산되는
계기가 되었다.

13 〈성평등 뉴우-스 새로쓰는 경찰이야기〉 vol.4, 경찰청
성평등정책담당관실.

14 같은 뉴스레터 vol.5.

3부

함께 배우며
경험하다

어제의 적이
오늘의 동지가 되기까지

정혜심(충남태안경찰서장, 전 경찰인재개발원 인권감성교육센터장)

경찰의 적은 여성단체?

흔히 '적'이라고 하면, 맞서 싸우고자 하는 상대를 말한다. 그런 의미에서 경찰의 적은 당연히 이 사회에서 꼭 없애야 하는 '범죄'로 상정되곤 한다. 하지만 현실은 그렇게 단순하지 않다. 경찰로 일해온 25년간 나를 힘들게 한 건 단순히 범죄라기보다 '범죄를 저지른 사람'에 가까웠다. 그중에는 자신의 이익만을 내세우며 경찰을 힘들게 하는 이들도 있었다. 누군가의 부모와 형제, 자녀 혹은 소중한 사람들을 해치고서도 자신의 인권이 무시당했다고 화를 내거나, 뜻대로 되지 않으면 담당 경찰관들을 진정해 자신에게 유리한 쪽으로 수사 결과를 바꾸려고 하는 경우가 비일비재했다. 집회·시위 문화가 많이 달라졌다고는 하지만, 화염병, 죽창, 돌멩이가 난무하는 집회 현장에서 경찰에게 욕설을 퍼붓고 폭력을 행사하는 이들은 또 어떤가? 솔직히 말하자면, 이런 이들을 무조건 보호 대상으로 생각하기는 어려웠다.

그리고 여성단체 이야기도 빼놓을 수 없다. 여성단체는 경찰의 여성·청소년 업무와 밀접한 관계에 있는 단체이다. 하지만 나는 꽤 오랫동안 여성단체를 경찰을 싫어하고 괴롭히는 집단으로 생각해왔다. 그렇게 생각하게 된 데는 몇 가지 맥락이 있다. 2005년 부산경찰청(당시 부산지방경찰청) 여성청소년계장으로 근무했을 때, 나는 성폭력, 가정폭력, 성매매, 학교폭력 등의 예방 및 수사와 관련된 정책 업무를 총괄했다. 경감으로 갓 승진해 처음으로 시·도 경찰청 계장 업무를 맡게 되어 막중한 책임감을 느꼈지만, 당시에는 사회적 약자와 관련된 민감한 업무라는 것 정도만 파악할 수 있었을 뿐 젠더폭력과 관련한 전문적 지식은 제대로 갖추지 못한 상태였다. 부산경찰청에는 여성 경감이 나를 포함해 단 두 명뿐이었는데, 여성청소년계장으로 일했던 전임자가 건강상의 이유로 보직을 고사해 남은 내가 해당 업무를 맡게 된 상황이었다. 몇 명 되지도 않는 여성 경찰관이 여성·청소년 업무를 담당하게 된 것만 해도 다행이라고 생각했던 시절이었으니, 젠더폭력에 대한 전문성 부족은 발령의 고려 대상조차 아니었다.

시·도 경찰청에 지휘관이 부임하면 해당 지역과 업무를 신속하게 파악하기 위해 업무 보고를 받고 관련 기관을 직접 방문하는 경우가 있다. 혹은 기관에서 경찰청을 방문하기도 한다. 경찰발전위원회, 보안협력위원회 같은 경찰 협력단체를 소개하는 자리는 경찰에 대한 오랜 이해와 협조 관계가 바탕이 되어 대체로 분위기가 화기애애했지만, 여성청소년계와 업무적 관계에 있는 단체들을 소개하는 자리에서는 진땀을 흘려야 했다. 특히 여성단체 대표들과 청장의 간담회에서는 칭찬과 덕담이 오가는 훈훈한 분위기를 기대하기 어려웠다. 여성단체 측에서는 민감한 젠더폭력 사건들을 거론하면서 수사 과정에서 2차가해를 저지르는 경찰관들의 태도와 언행을 주로 문제제기했고, 당시 젠더 감수성이 부족했던 나로서는 여성단체의 그런 태도가 공격적이라고 느껴졌다. 그때부터 여성단체 사람들을 꺼리게 되었다.

젠더폭력 현장을
경험하다

내가 여성청소년계장으로 부임하기 한 해 전인 2004년에 밀양에서 여중생 집단 성폭력 사건이 발생했다. 수사 과정에서 피해자·가해자 분리의 개념조차 모르는 경찰관들이 피해 학생을 가해 학생들 및 그 부모들과 대면시켰고, 이 일로 경찰은 크게 지탄받았다. 심지어 피해 학생에게 '밀양 물을 흐려놓은 아이'라는 식의 폭언을 했다는 사실이 알려지며 경찰의 2차가해가 심각한 문제로 불거졌다. 2004년은 성매매특별법이 제정된 해이기도 해서, 여성단체들이 성매매 집결지에서 비판적 성격의 집회를 자주 개최하곤 했다. 그 때문에 나역시 보통의 여성이었다면 가보지도 않았을 서구 완월동, 범전동 300번지, 해운대 609 등 성매매 집결지를 수시로 방문해야 했다. 여성단체들은 범죄가 끊이지 않는 성매매 집결지를 국가와 경찰이 방치하고 있다며 항의 집회를 했고, 성매매 업주들과 일부 성매매 여성들은 자신들의 생계를 보장해달라며 맞불 집회를 열었다. 그 사이에 끼어 곤혹스러웠던 적이 한두 번이 아니었다.

2005년 8월, 경찰병원에 젠더폭력 피해자들의 2차피해 예방을 위해 치료와 수사, 상담을 한꺼번에 지원해주는 원스톱 지원센터가 개설되었다. 그러자 제2의 도시인 부산에도 원스톱 지원센터를 만들어야 하지 않겠냐는 이야기가 들려왔다. 여성청소년계장으로 일하며 젠더폭력 피해자들이 겪는 고통을 가까이서 지켜봐왔기에 부산에도 원스톱 지원센터가 생기면 좋겠다는 생각을 했다. 하지만 갑작스레 센터를 열기에는 준비된 예산도 없는 상태였고, 의료 지원을 담당할 대형병원의 참여도 불투명한 상황이었다. 나는 다짜고짜 부산의료원을 찾아가 병원 관계자들에게 공공 의료기관의 존재 이유를 강조하며 부산의료원 안에 젠더폭력 피해자 원스톱지원센터를 설치해줄 것을 호소했다. 말이 설득이지 실제로는 매일같이 찾아가 강력하게 우기고 눈물로 호소하는 식으로 병원 관계자들을 괴롭혔다.

두 달여 간의 설득 끝에 가까스로 병원 측의 협조를 얻어냈다. 2005년 12월 22일 여성가족부-경찰청-부산의료원의 삼자 협약을 통해 드디어 부산에도 젠더폭력 피해자들을 돕는 원스톱 지원센터를 만들 수 있게 되었다. 2005년은 젠더폭력뿐 아니라 학교폭력 문제도 심각하게 불거졌던 해였기에 인터뷰, 세미나, 관련 기관 방문 등 링거 투혼을 해가며 정말 열심히 일했다. 나뿐만 아니라 많은 경찰관들이 피해자들의 억울함을 풀어주기 위해 거듭되는 밤샘 잠복으로 범인을 잡고 여성의 안전을 위해 최선을 다하고 있다고 생각했는데, 여성단체 사람들은 만날 때마다 '경찰이 문제다' '경찰이 가해자

보다 더 나쁘다'라는 식으로 경찰을 비난하기만 했다. 그때는 경찰들의 보이지 않는 노력을 알아주지 않는 그들이 원망스러웠다. 지금에 와서 돌이켜보건대, 그때의 나는 경찰에게 부족한 것이 무엇인지 전혀 알지 못했다.

명예 남성에서
인권 강사로

1996년 내가 처음 경찰대학에 입학했을 때, 1학년 여학생은 단 5명뿐이었다. 전체 정원 120명 중 4퍼센트 남짓한 비율이었다. 2000년 치안 현장에 배치돼 처음으로 근무하게 된 부산 사하경찰서의 여성 경찰 비율도 별반 다르지 않았다. 전국적으로 여성 경찰 비율이 3퍼센트[1]도 되지 않는 상황이었는데, 그나마 부산은 대도시여서 그 비율이 낮지 않은 편이었다.

조직의 소수는 다수의 틈새에서 살아남기 위해 동물적인 감각으로 생존 방법을 체득하게 된다. 여고 졸업 후 남자들만의 세계라고 생각했던 경찰 조직에 들어와 겪게 된 '극소수의 삶'은 좋은 점보다 나쁜 점이 더 많았다. 소수이다 보니 눈에 잘 띄어 늘 호기심의 대상이 되어야 했고, '여성은 경찰에 어울리지 않는다'는 배타적인 태도와 문화도 견뎌야 했다. 그런 조직에서 내가 터득한 생존의 법칙은 여성성을 드러내지 않고 최대한 남성처럼 행동하면서 이질감 없이 어우러지는 것이었다. 대학 시절에는 여성이라서 약하다거나 여성은 경찰에 어울리지 않는다는 말이 듣기 싫어서 유도를 하며 덩치를 키웠고, 남자 동기들에게도 강한 모습만 보이려고 노력했다.

현직 경찰관이 되어서도 남성 동료들에게 털털한 성격을 자랑하며 그들 못지않게 술을 잘 먹는다는 것을 보여주기 위해 말술을 마시는 것도 마다하지 않았다. 지금 생각해보면 꼭 그렇게까지 했어야 했나 싶지만, 남성 동료들과 유흥업소에 드나들기도 하면서 어떻게든 그들과 동료의식을 가지려고 했다. 마찬가지로 시민들에게도 남성 경찰관 못지않게 믿음직하고 강한 경찰관이라는 것을 보여주고 싶었다. 특히 공권력을 무시하는 피의자들에게는 강한 모습을 보여주어야 한다는 생각에 최후의 수단으로 활용해야 할 강제력을 과도하게 활용했던 순간도 있었다. 결국 인권침해로 국가인권위원회에 진정을 당했고, 급기야 고소까지 당했다. 피의자에게 과도한 물리력을 행사하면 어떻게 되는지 피의자 신분이 되어 뼈아프게 배우고 난 뒤, 나는 현장 경찰관들에게 인권을 가르치는 강사로 새로운 삶을 시작하게 되었다.

무지는 곧 폭력이다

지금은 경찰 조직 내에서 성평등 직무교육 전문가로 거명되고 있지만, 사실 나는 경찰 경력 25년 중 16년간, 그러니까 대체로 성평등 의식이 매우 부족한 경찰관이었다. 2016년 전문적인 성평등 교육을 받고 난 후에야 그동안 객관적이고 중립적이라고 믿어왔던 나의 경찰 생활이 실은 전혀 그렇지 않았음을 비로소 깨닫게 되었다. 그리고 여성단체 사람들이 그동안 무엇 때문에 경찰을 계속 비판해왔는지, 경찰이 어떤 점에서 부족했는지 차츰 깨닫게 되었다.

부산청 여성청소년계장 시절, 성매매 집결지 집회 현장에 나갔다 오면 내부에서 꼭 이런 질문을 하는 이들이 있었다. "고생 많았어. 그런데 우리 경찰이 성매매를 단속한다고 이게 근절되겠어? 성매매 여성은 예수님이 계실 때부터 있었다고 하던데 이렇게 역사적으로 오래된 문화를 인간이 위법으로 규정한다고 그리 쉽게 없어질까? 그리고 성매매를 강력하게 단속하면 풍선효과가 생겨서 주택가로 스며들게 될 텐데 그게 더 큰일 아니야?" 성매매의 비인권성과 폭력성에 대해 무지했던 나는 그런 내부 구성원들의 말에 아무런 대꾸조차 하지 못하고 그저 고개만 끄덕였다. 계속해서 듣다 보니 점차 그런 생각에 동화되기도 했다. 지금에 와서 생각해보면 차마 얼굴을 들 수 없는 부끄러운 언행을 일삼은 적도 있다.

2009년 경감 기본교육 과정을 이수하던 중 한국프레스센터에서 개최된 아동 성폭력 관련 세미나에 관중으로 참석한 적이 있었다. 당시에 범죄학을 전공한 한 교수가 세미나 발표자로 나와 아동 성폭력의 심각성을 이야기했다. 아동 성착취물을 비롯한 불법 영상물이 우리 사회에 너무 만연하며 그

것이 아동 성폭력과 무관하지 않다는 논지의 발표였다. '성매매를 못하게 하니까 약한 존재인 아동들에게 성 욕구를 해소하려는 게 아닌가' 하는 왜곡된 인식을 가지고 있던 나는 패널들에게 "성매매 불법화와 아동 성폭력 증가가 서로 연관성이 있지 않겠냐"는 황당한 질문을 던졌다. 무지했던 그 시절을 떠올리면 쥐구멍에라도 숨고 싶은 심정이다. '명예 남성'으로 살아가는 것이 그저 생존 전략일 뿐이라고 믿었는데, 어느 순간부터 남성중심적 언어와 문화에 짙게 물들어 있는 내 모습이 보였다. 나는 명예 남성을 넘어 여성혐오를 일삼는 마초가 되어 있었다.

그러나 이제는 성매매의 잔혹한 현실을 분명히 안다. 성매매 여성들의 인권을 위한답시고 합법화를 추진했던 독일, 네덜란드가 국가 차원에서 인권유린을 자행하는 것을 지켜보며 성매매를 불법화한 한국에 사는 것이 그나마 다행이라고 여겨지기도 한다. 주택가 인근에 마트나 목욕탕만큼이나 성매매 업소가 난무하고 자신의 욕구를 해소하기 위해 타인의 성과 신체를 물건처럼 돈을 주고 사는 국가에서 과연 인간이 인간으로서 제대로 대접받을 수 있을까? 싼값으로 성적 욕구를 해결하기 위해 가난한 제3세계 국가의 여성들을 납치하는 국가를 과연 선진국이라고 말할 수 있는가?

물론 한국의 상황도 심각하다. 특히 2000년대까지는 성매매 여성들이 감금된 건물에서 화재가 발생해 모두가 사망한 참담한 사건들이 여러 차례 발생한 바 있다.[2] 안타까운 생명들을 잃고 2004년에 이르러서야 비로소 성매매방지법이 제정되었지만, 아직도 우리 사회에는 여전히 아동·청소년 성 착취를 비롯한 성매매 및 성 상품화를 통한 사회구조적 착취의 문제가 남아 있다. 치안 현장에서 젠더폭력 사건을 담당하는 경찰관들이 성매매 착취 구조를 정확히 알고 이를 근절하기 위한 노력을 쉽게 접지 않을 때 이런 뿌리 깊은 젠더폭력 문제를 해결할 수 있을 것이다.

명예 남성 경찰관, 인권 공부를 시작하다

내가 8년간 교수요원으로 근무했던 경찰인재개발원은 경찰 교육기관 중에서 상대적으로 덜 알려진 곳이었다. 2019년 우한 교민들을 수용하면서 더 유명해진 경찰인재개발원은 14만 경찰 구성원들의 직무 역량을 향상시키는 데 중요한 역할을 하는 대표적인 직무 보수교육기관이다. 범죄 양상이 바뀌고, 새로운 범죄가 출현하는 등 변화에 발맞춰 법률이 신설되거나 개정되기에 경찰관 역시 지속적으로 보수교육을 받아야 한다. 연간 2만 명에 이르는 경찰관들이 경찰인재개발원에서 다양한 직무교육을 받는데, 그중 인권감성교육센터는 경찰관의 가치관 교육 및 감성 계발 훈련을 주로 담당한다.

흔히 경찰 교육 훈련 과정이라고 하면 대부분 직무 중심

교육을 떠올리지만, 직무 능력 못지않게 중요한 것이 경찰관의 가치 역량과 공감 능력이다. 아무리 수사 역량이 뛰어나다고 한들 청렴하지 못한 경찰관에게 공정한 수사를 기대하기란 어려우며, 마찬가지로 인권 의식이 부족할 경우 범인을 검거하는 데만 매몰돼 사건에 관계된 사람들의 인권을 가벼이 여길 수 있다. 치안 현장에서 다양한 범죄와 사건을 해결할 때 이성적인 판단력과 문제 해결력을 갖추는 것도 중요하지만, 피해자나 사회적 약자들의 마음과 처지를 헤아릴 수 있는 공감 능력 역시 반드시 길러야 한다.

이런 취지를 살려 2018년 인권감성교육센터 내부에 경찰 성평등 전문교육 과정을 개설했다. 2015년부터 맡게 된 독특한 교육 과정과 그 과정을 들으러 온 경찰관들과의 만남이 이 일을 추진하는 계기가 되었다. '자기계발 향상 과정'이라는 정식 명칭을 지닌 이 과정은 사실 정직 이상의 중징계를 받은 이들을 대상으로 한다. 말하자면 퇴출 대상 공무원들의 태도 변화를 위해 개설된 과정이라 할 수 있다.

이 교육 과정은 입교 단계에서부터 큰 난관에 빠지곤 한다. 입교 대상자들은 대부분 업무 도중 잘못을 저질러 무거운 징계를 받았지만 징계 종료 후 새로운 근무지에서 다시 잘해보겠다고 마음을 다잡는 이들이다. 그런데 갑자기 자기계발 향상 과정에 입교하라는 공문이 내려오면 새로운 근무지 동료들이 자신의 중징계 사실을 알게 된다. 그래서인지 교육 통지문을 받고 나서 거기에 가느니 차라리 그만두겠다며 사표를 내는 사람도 더러 있다. 교육생들도 무척 고통스러운 심정으로 오는 것이겠지만 교수요원도 다른 과정에 비해 감정노동을 많이 하게 되는 건 사실이다. 입교 첫날부터 자신의 분노를 온몸으로 표출하면서 노려보는 교육생들까지 있어 긴장해야 한다. 그렇지만 막상 겪어보면 좋은 점도 있다. 과오는 인정하되 있는 그대로의 자신을 포용하고 다시금 희망을 갖고 재기할 수 있도록 누군가를 돕는 일이기 때문이다. 그 과정에서 교육생들과 끈끈한 우정을 주고받는 일도 있다.

자기계발 향상 과정 교육생들의 징계 사유는 대부분 음주운전이었는데, 2015년 즈음부터는 성희롱·성폭력 범죄로 입교하는 사람들의 비율이 점차 늘어났다. 2000년 초 2퍼센트 정도에 머물렀던 여성 경찰 비율이 10퍼센트대로 늘어났는데도 뿌리 깊은 남성중심적 문화가 바뀌지 않자 그로 인한 피해를 호소하는 목소리가 터져 나왔다. 그에 대한 대응으로 경찰 지휘부에서는 성희롱을 포함한 조직 내 성범죄에 단호히 대처하겠다는 의지를 표명하며 과거에는 장난이나 농담쯤으로 여기고 넘어간 행동들에 중징계라는 철퇴를 내리기 시작했다.

조직의 이런 변화를 감지하지 못한 구성원들은 그 과정에서 문제를 일으켰다. 당시 성희롱으로 중징계를 받고 교육에 온 사람들 대부분은 자신이 저지른 행위를 폭력으로 인식하며 진정으로 반성하기는커녕 '지금껏 농담할 때는 계속 같이 웃어주었으면서 갑자기 관계가 나빠지니 자신을 신고했다'는 얼토당토않은 변명을 늘어놓았고, '앞으로 여성 직원들과는 밥도 먹지 않고 말도 섞지 않겠다'며 도리어 자신의 억울함을 토로했다. 심지어는 '강사인 당신도 여성이니 나에게 접근하지 말라'는 펜스룰[3]을 들이대며 오히려 여성 동료들을 탓했다.

내가 볼 때 문제의 핵심은 지금까지 남성중심적 문화에 익숙해진 직원들이 성별이 다른 동료들과 함께 근무하면서 서로를 배려하는 법을 제대로 배우지 못했다는 데 있다. 성폭력 사건 등 각종 젠더폭력 수사를 담당하는 경찰들이 정작 조직 내부에서 발생하는 성범죄조차 해결하지 못하면서 어떻게 젠더폭력 근절에 앞장설 수 있을까? 또 지휘부에서 아무리 옳은 방침과 정책을 수립한다 해도 결국 조직 구성원 개개인의 인식과 문화에 변화가 없다면 혐오와 불신만 더 깊어질 뿐이므로, 무엇보다 구성원들의 인식 변화를 위한 교육이 최우선이라는 생각이 들었다.

조직 구성원들을 교육시키기에 앞서 나부터 바뀌어야 한다는 생각에 전문적인 성평등 교육[4]을 받기 시작했고, 그 교육 덕택에 오랜 기간 명예 남성 경찰관으로 살아왔던 내 삶은 큰 전환기를 맞게 되었다. 그때 나는 마흔한 살이었는데, 전문적인 성평등 교육을 받고 나서야 그동안 내가 우리 사회와 경찰 조직에서 기대하는 역할을 수행한다는 명목으로 성별 역할에 대한 고정관념들을 그대로 수용하며 살아왔음을 깨달을 수 있었다. 이런 고정관념과 편견들이 업무를 수행하는 데 지대한 영향을 끼친다는 것은 말할 필요도 없는 사실이었다. 그리고 이런 깨달음을 계기로 마침내 경찰 직무 전문교육기관인 경찰인재개발원에 경찰관들을 위한 성평등 전문교육 과정을 개설하게 되었다.

경찰과 여성학자,
서로에 대한 불신과 편견

2016년도부터 나는 한국양성평등교육진흥원과 경찰인재개발원(당시 경찰교육원)과의 협약을 추진하며 경찰 조직 내부에서 성평등 전문 강사를 육성했고, 개인적으로도 성평등 전문 강사, 성희롱 예방 전문 강사, 폭력 예방 전문 강사 자격을 취득했다. 2018년에는 '경찰 젠더 감수성 향상 과정'이라는 전문교육 과정을 개설해 국가공무원인재개발원 우수교육 과정 경진대회에서 인사혁신처장상을 수상하기도 했다. 그 시기에 마침 경찰청에도 성평등정책담당관실이 생겼다는 보도와 공문을 접하고서는 정책을 총괄하는 담당자를 만나 교육과 정책이 연계될 수 있도록 힘을 보태고 싶다는 생각을 했다. 설레는 마음으로 무작정 경찰청 지하 1층에 있는 성평등정책담당관실을 찾아가 자기소개를 하고 성평등정책담당관님을 뵈러 왔다고 있는 그대로 이야기했다.
그날 처음 만난 이성은 성평등정책담당관(이하 과장)의 표정을 나는 지금도 잊지 못한다. 절대 반갑거나 환영하는 표정은 아니었던 것으로 기억한다. 심지어 그의 표정에서 황당, 어색, 경계, 의심스러운 마음까지 읽을 수 있었다. 물론 그를 만나러 가기 전에 경찰 교육기관에서 성평등 교육을 담당하고 있다는 자기소개는 간단히 전했지만 경계와 의심을 풀기에는 부족했다. 그와 함께 차를 마시며 경찰 성평등 전문교육을 시작하게 된 배경과 2년간 내부 강사를 육성해왔던 과정들을 설명하자, 그도 그제서야 솔직하게 나를 경계한 이유를 이야기했다.

그동안 여성학자이자 외부 전문가로서 활동하면서 성평등 인식이 부족한 경찰관들이 저지르는 과오들을 수차례 접해왔는데 경찰 내부에서 누군가가 전문가라며 성평등 교육을 하고 있다고 하니 그 수준과 실력을 의심할 수밖에 없었다고 했다. 이에 나는 사실 전문가가 아니라 이제 막 배우기 시작한 사람일 뿐이고 성평등정책담당관의 정책에 호응하는 내부 조력자가 되기 위해 찾아온 것이라며 나의 순수한 의도를 피력했다. 나름 열심히 설명했지만 첫 만남에서 의혹이 완벽히 해소된 것 같지는 않았다. 나(경찰)만 여성학자와 여성단체에 대한 편견이 있었던 것이 아니라, 여성학 관련 외부 전문가들도 경찰에 대한 편견과 고정관념을 가지고 있다는 것을 처음 확인한 순간이었다. 그러나 이런 의심과 불신도 잠시, 우리는 협업을 거치며 동료로 거듭나게 되었다.

그럴 수 있었던 데는 성평등정책담당관실과 이성은 과장

의 힘이 컸다. 5년 동안 그와 함께 성평등 교육과 관련된 여러 업무를 추진하면서 많은 것을 배웠다. 그는 성평등 업무에 대한 열정과 전문성은 기본이고 그에 걸맞은 행정력과 추진력도 갖춘 전문가였다. 교육 파트만을 협업했던 나조차 때로는 그가 제시하는 성평등 교육의 원칙과 요청에 부응하는 것이 힘에 부쳤는데, 아마도 함께 근무한 부서원들은 노동 강도가 만만치 않았을 것이다. 물론 경찰청 성평등정책과 관련한 모든 업무를 총괄해야 하는 본인이 가장 힘들었을 테지만 말이다. 그러나 그는 힘들고 어렵다고 해서 뒤로 물러나지 않았다. 그래서 그가 이끄는 성평등정책담당관실은 탁월한 업무 능력을 인정받으면서도 때로는 혹평에 시달리기도 했다. 경찰 홍보물에 대한 성별영향평가, 성별통합모집 등 경찰에게 익숙하지 않은 새로운 길을 계속 개척해나갔기에 경찰 내부에서 수많은 반발을 직면해야 했다.

성평등정책담당관실이 안팎의 거센 저항에도 불구하고 여러 의미 있는 변화를 이끌어낼 수 있었던 것은 그가 외부 전문가로서의 역할에 충실했기 때문이다. 물론 조직 내부에도 나처럼 성평등 전문성을 가진 인사가 일부 있지만, 외부 전문가보다 더 잘하기는 어렵다는 것이 개인적인 생각이다. 내부 인사는 경찰의 조직문화와 생태와 긴밀한 관계를 맺고 있어 다른 부서와의 관계를 신경 쓰지 않을 수 없기 때문이다. 경찰관들도 버티기 어려운 본청 과장직을 5년간 완벽히 수행하면서 내부인인 나보다 더 경찰청을 꿰뚫어보게 된 그를 보며 '과연 외부인 여성학자가 경찰청에서 잘해낼 수 있을까' 하는 의문을 품었던 내가 오만했음을 깨닫게 되었다.

'당신'이 아닌
'우리'가 되다

경찰 내부의 성평등 강사이기도 한 나는 다른 강사의 강의를 모니터링하는 업무도 병행하곤 한다. 언젠가 한번은 시·도 경찰청 성평등정책 담당자이자 강사로 활동하는 분의 강의를 모니터링한 적이 있다. 강사는 과거 성매매 여성 자활 단체에서 일하면서 외부에서 보았던 경찰과 실제 경찰청에서 근무하면서 겪어본 경찰의 모습이 너무 달랐다며 그동안 경찰에 대해 편견을 가지고 있었음을 솔직하게 털어놓으며 강의를 시작했다. 강의 마지막에 같이 일하는 경찰관들의 수고로움을 깨닫고 이제는 경찰들에게 큰 애정을 갖게 되었다고 말했을 때는 나도 모르게 왈칵 눈물이 났다.

직장 내 의무교육인 성평등 강의를 듣고 감동받아 우는 사람은 세상에 없을 것이다. 시민들은 물론 여성단체들로부터 비판받는 경찰의 처지를 그저 당연한 것으로 여기며 살아왔는데, 그런 그들이 우리의 진심을 알아주니 정말이지 뭉클했다. '당신'이 아닌 '우리'라는 말을 먼저 시작한 것은 경찰청 직원이 된 외부 전문가들이었다. 이처럼 서로에 대해 편견을 가졌던 이들이 같은 목표를 가지고 함께 부대끼며 '우리'가 된 과정은 나의 경찰살이에 또 한 번의 전환점을 마련해주었다.

경찰인재개발원에 성평등 전문교육 과정이 개설되었다고는 하지만 연간 몇 백 명을 대상으로 교육해서 어느 세월에 12만 경찰관들을 다 교육시킬 수 있을지 막막했는데, 12만 경찰관 성평등 교육이라는 그 어려운 과제를 경찰 안팎의 성평등 전문가들이 힘을 합해 결국 해내고야 말았다. 함께 머리를 맞대고 경찰에 꼭 필요한 교육 프로그램을 만들고자 노력했으며 경찰관서에서 강의 요청이 있으면 전국 방방곡곡을 함께 누볐다.

내부 전문가들에게는 강사료를 지급할 수 없고, 외부 전문가들에게도 전문성과 직위에 상응한 강사료를 지급하지 못하는 상황이었지만 강원도 산간 지역은 물론이고 울릉도 같은 도서 지역까지 경찰서의 요청이 있으면 전국에서 온 전문가들이 한달음에 달려갔다. 성평등한 경찰을 만들겠다는 공동의 정책 과제를 실현하기 위해 다양한 소속을 가진 전문가들이 마치 한 조직에 속한 구성원처럼 유기적으로 움직이는 모습은 무척 놀라웠다. 외부 성평등 전문가들과 함께하면서 불가능하다고 생각했던 일들이 실현되는 것을 생생히 목도한 뒤로 '거버넌스'라는 말의 의미를 사뭇 다르게 느끼게 되었다.

전문성이 부족한 조직 내부에서 홀로 성평등 교육을 추진할 때는 마치 계란으로 거대한 바위를 치고 있는 듯한 느낌을 받았다. 단 한 걸음도 나아가기 어려웠던 성평등의 길을 외부 전문가들이 함께 끌어주고 밀어주면서 거대한 경찰 조직을 한걸음씩 나아가게 만드는 것을 보고 치안 현장을 누비며 경찰 동료들에게 느꼈던 진한 동료애를 이제는 경찰 조직의 성평등을 위해 함께 뛴 외부 전문가들에게서도 느낀다. 요즘도 심심치 않게 언론에 보도되는 경찰관들의 성범죄 관련 기사들을 접하면서 경찰은 아직도 성평등 조직에 도달하지 못했고 따라서 가야 할 길이 멀다고 느낀다. 때로는 길을 몰라서 헤매기도 하고, 길을 잘못 들어 멀리 돌아가기도 하겠지만 나는 믿는다. 경찰이 성평등한 시민들과 함께인 한 언젠가는 그 목적지에 다다를 수 있을 거라고.

1 〈경찰통계연보〉 44호(2000) 48쪽에 기록된 여성 경찰은
   2177명으로 경찰 전체 인원 9만 210명의 2.4퍼센트에 해당한다.
2 군산 대명동 성매매 집결지 화재(2000)에서 성매매 여성 5명이,
   군산 개복동 성매매 집결지 화재(2002)에서 성매매 여성 14명과
   업주 1명이, 서울 하월곡동 성매매 집결지 화재(2005)에서 성매매
   여성 5명이 사망했다.
3 남성이 가족 이외의 여성과 단둘이 있는 상황을 만들지 않는다는
   원칙으로, 미국의 마이크 펜스 전 부통령의 인터뷰에서 유래한
   표현이다.
4 한국양성평등교육진흥원에서 양성평등 강사, 성희롱 예방 강사,
   폭력 예방 강사 양성 과정을 이수했다.

성평등한 경찰이
시민과 호흡할 수 있다

이임혜경 (한국여성민우회 이사, 전 경찰청 성평등위원회 위원)

신임 경찰을 위한
성평등 교육

조직을 변화시킨다는 것은 엄청난 일이다. 더구나 '성평등한' 조직이 된다는 것은 조직의 체계 및 제도에 대한 점검과 탈바꿈, 구성원의 인식 변화를 요구하는 불가능에 가까운 미션이다. 이 일을 경찰 조직이 하겠다고 나서다니, 그간 여성폭력 수사와 관련해 매번 질타와 쓴소리를 듣던 경찰이었기에 성평등한 조직으로 거듭나겠다며 2018년 '여성' 정책이 아닌 '성평등'정책 전담부서를 설치할 때도 나는 미심쩍었다. 그러나 경찰이 성평등정책을 실질적으로 추진할 수 있는 사람들로 부서를 구성하는 것을 지켜보면서는 이 모든 과정이 헛되이 끝나버리지 않기를 바라게 되었다.

신임 경찰 교육 과정에 포함시킬 성평등 교육 강의안을 개발하고 실행하는 일은 경찰이 성평등한 조직으로 변화하기 위한 필수 요소였다. 2019년에 나는 이 과제, 즉 중앙경찰학교에 입교하는 신임 경찰을 대상으로 하는 교육 과정을 연구하는 일을 맡게 되었다. 중앙경찰학교 교수진들이 지속적으로 성평등 교과목을 강의하고 운영해나갈 수 있도록 표준화된 교안을 만드는 것이 내 역할이었다. 당시 나는 성폭력 피해자를 대하는 경찰의 태도와 방식에 문제제기했던 활동가이자 경찰청 성평등위원회 위원, 경찰을 만나는 시민이라는 복합적인 정체성을 갖고 있었다. 성평등한 경찰만이 시민과 호흡할 수 있음을 체감하며 어떤 경찰관이라도 붙잡고 토로하고 싶던 때이기도 했다. 하지만 그렇지 않아도 어려운 성평등 교육을 대부분 20~30대 남성으로 구성된 신임 경찰 집단을 대상으로 진행해야 한다는 것이 큰 부담으로 다가왔다. 그럼에도 참여를 결정한 이유는 교육안을 만드는 일이 내가 할 수 있는 하나의 응답일 수 있겠다는 생각 때문이었다. 지난한 과정을 거쳐 어렵게 마련된 신임 경찰 성평등 교육 과정에 힘을 보태고 싶었다.

"젊은 경찰관이여! 조국은 그대를 믿노라"는 중앙경찰학교 입구에 들어설 때 가장 먼저 만나게 되는 문구다. 일반 시민이 보기에는 상투적이고 국가주의적인 구절이지만, 수많은 경찰관들의 가슴을 뜨겁고 자랑스럽게, 때로는 울컥하게 하는 것으로 알고 있다. 그래서 처음 중앙경찰학교에 가서 이 문구를 보았을 때 많은 생각이 스쳐 지나갔다. '그대를 믿는다'는 것은 경찰관으로서 사명감과 책임감을 가지라는 요청이기도 하지만, 이것을 다음과 같은 질문의 형태로 바꿔 해석해볼 수도 있다. 경찰관은 어떤 덕목을 지녀야 하는가? 다시 말해, 시민은 어떤 경찰을 믿는가?

여성이 아닌 경찰로 인정받아라?

신임 경찰관 교육기관은 경찰대학과 중앙경찰학교로 나

뉜다. 이 중 중앙경찰학교는 순경 공채를 거친 신임 경찰공무원을 교육하는 곳으로, 입교 후 4개월의 교육과 2개월의 현장 실습을 거친 후 일선 지구대에 배치된다. 내가 성평등 교육 과정 개발 연구를 맡은 2019년 당시 교육생은 한 기수당 약 3000명으로, 연중 3개의 기수 교육이 순차적으로 이뤄지고 있었다. 20대 후반~30대 초반 교육생이 가장 많았고, 3000명 중 여성은 약 300명 정도(10퍼센트)였다. 즉 교육생 대다수가 20~30대 남성이었다. 신임 경찰 대상 성평등 교육 과정 개발을 위한 첫 자문회의는 이렇게 현장의 특성 및 현황을 파악할 수 있는 자리였다. 지금껏 존재한 적 없던 교육 과정을 새롭게 구성하는 큰 과업이라 경찰청 성평등정책담당관실을 비롯해 협업을 맺은 한국양성평등교육진흥원에서도 다양하고 꼼꼼하게 자료를 준비해 설명했다.

성평등한 조직문화 지향, 20~30대 남성 집단의 특성 고려, 자기주도적·참여적 학습 과정 설계 등 성평등 교육 콘텐츠 개발 전략은 간단 명료했으나, 교수진과 교육생을 대상으로 한 인터뷰는 이와 정반대로 만만찮은 현실을 상기시켜주었다. 남성 교육생들이 인터뷰에서 보인 반응은 다음과 같은 단 두 마디로 요약됐다. '이전 꼰대들이 누렸던 혜택을 더 이상 누리지 않는 우리에게 왜 평등하자고 말하는가', '이미 평등하게 자라왔는데 왜 우리에게 차별과 평등을 이야기하는가'. 물론 이것이 비단 신임 경찰들만의 문제는 아니다. 여성의 사회적 취약성, 그리고 그로 인한 불안감에 대한 사회적 공감과 이해가 턱없이 부족하고, 여성이 겪는 폭력을 언급하면 '남자도 피해자'라는 식의 반발이 빗발치는 이 사회 전체의 문제다. 이런 반응은 2024년 현재의 성평등 강의 현장에서도 여전히 나타난다.

교육생들 중에는 '톱니바퀴처럼 돌아가는 조직인데 업무에 투입될 누구 한 명이 빠지면 다른 사람에게 피해가 간다'며 성별에 따른 현장 업무 역량의 차이를 언급하는 이들도 많았다. 또한 교육생들은 '만일 내가 여경이라면 남자와 똑같이 인정받기 위해 더 악착같이 노력하고, 여경이라는 색안경과 선입견을 넘어서기 위해 노력할 것'이라는 말도 서슴지 않았다. 무수히 많은 여성들이 직장과 조직에서 지겹도록 들어온 내용일 것이다. 이 말인즉슨, 이런 인식이 경찰만의 문제는 아니라는 뜻이다. 하지만 여성 동료가 함께 앉아 있는데도 그런 편견과 반감을 아무렇지 않게 표출할 수 있는 분위기가 조성되어 있다는 것은 심각한 문제였다. 심지어 여성 교육생들조차 그런 사고방식을 이미 내면화하고 있었다.

여성 교육생들은 서로 입이라도 맞춘 듯 한결같이 (경찰 내부에 존재하는) 여성에 대한 편견에 도전하기 위해 운동도 일도 더 열심히 노력해야 한다고 말한다. 남성이 다수인 조직에서 여성은 늘 조심해야 하며, 여성으로 대우받기보다 경찰로 인정받아야 한다는 명령과 요구는 언제나 여성 교육생들을 따라다닌다. 특히 '여경이 아니라 경찰관'이라는 말은 다양한 의미를 내포한다. '여경'은 단순히 성별을 구분하기 위해 사용된 호칭이 아니라, 조직 내부에서 여성을 예외적 존재로 분류하는 호칭이다. 단순히 '남경'의 반대말이 아니라 남성을 기본값으로 설정하는 경찰 조직이 예외적 존재를 구분짓는 방식인 것이다. 말하자면 여성 교육생들은 애초 시작부터 경찰로서의 역할을 제대로 해내지 못할 것이라는 편견과 마주하게 된다. 경찰 조직의 뿌리 깊은 남성중심성은 신임 경찰 교육기관에서부터 선명히 드러난다.

저항을 줄이고 거부감 없이

신임 경찰에게 성평등 교육이 필요한 이유는 성평등한 인식이 경찰의 직무 역량이자 경찰 내부의 성평등한 조직문화를 구축할 수 있는 기반이 되기 때문이다. 나를 포함한 세 명의 연구자들'은 이를 잘 반영하는 교육, 즉 성평등한 인식이 어째서 경찰의 직무 역량이자 기본적인 책무인지를 잘 설명할 수 있는 교육안을 개발하는 데 목표를 두었다. 한국양성평등교육진흥원과 연구자들은 교육 과정과 관련한 아이디어를 나누는 회의와 중앙경찰학교의 지원으로 이뤄진 교육생 워크숍을 진행하면서 교육 과정의 전체 틀과 방향성을 꾸준히 구축해나갔다.

'자기주도적이고 참여적인 학습 과정을 통해 성인지 관점을 갖고, 공동체 생활과 업무에서 성평등을 증진할 수 있도록 젠더 규범에 대한 태도 변화 교육 과정으로 개발한다'는 전략은 말처럼 쉽거나 간단하지 않았다. 교육생 간의 토론을 통해 첨예한 쟁점을 어디까지 짚을 수 있는지 예측할 수 없었고, 과연 신임 경찰을 대상으로 저항은 줄이면서 거부감 없는 성평등 교육이 가능한가에 대한 고민을 처음부터 끝까지 놓을 수 없었다. 결국, 저항을 완전히 없애지는 못하더라도 소통의 폭을 넓히는 방법을 찾기로 했다. 신임 경찰 대상 성평등 교육 과정은 크게 공감 → 인지·해석 → 실천이라는 세 가지 단계로 구성된다. 구체적인 내용 측면에서는 권력에 대한 이해를 필수 요소로 설정했는데, 이때 권력의 개념을 설명하는 데 치중하기보다 다양한 타인에 대해 성찰해보면서 권력과 성차별에 대한 감각을 형성하는 참여식 학습 과정(특권 걷기)을 기획했다.

'함께 걷는 워크숍'이라는 제목으로 진행된 1차시 교육은 다양한 사회구성원의 삶의 조건을 들여다보고 나와 타인의 관계에 대한 감각을 형성하는 교과목으로, '타인으로 걷기', '나로 걷기'라는 주제로 사회적 차이를 가진 타인의 위치와 경험, 감정을 상상하고 살펴봄으로써 교육생들이 공감 역량을 기를 수 있도록 했다. 시범교육에서 교육생들은 실제로 '남들이 하는 것을 나는 하지 못할 때 무력감을 느꼈다'는 깨달음을 공유하며 권력을 갖지 못한 위치에 공감했다. 또한 같은 조건일 때 성별이 중요한 변수로 작용한다는 것을 확인하며 권력을 구조적으로 인식하는 방법도 터득했다. '특권 걷기'라는 이

름으로 진행된 이 참여식 학습에서는 특히 교수자의 역할이 중요하기에 실제 신임 경찰을 대상으로 교육을 진행해야 하는 경찰학교 교수진과의 워크숍을 여러 차례 가졌다.

내가 맡아 집필한 '제복 입은 시민, 시민의 삶에 공감하다'라는 제목의 2차시 교육은 차별과 젠더라는 핵심 개념에 초점을 맞춰 진행했다. '제복'이라는 말로 표현하고자 했던 것은 '책임'으로, 민갑룡 전 경찰청장이 2018년에 취임식에서 내건 "제복 입은 시민으로서 혼신의 힘을 다해 경찰이 시민이고, 시민이 곧 경찰인 그런 경찰을 만들어가겠다"[2]는 약속을 활용해 제목을 지었다. 2차시 교육을 통해서는 자기 자신을 성찰해보고, 성평등 관점을 확립하고, 사회현상에 대한 해석력을 높일 수 있는 시간을 마련하고자 했다. 성평등 관점은 곧 다양한 위험에 처한 시민의 위치와 상황을 해석할 수 있는 능력을 뜻하며, 경찰의 필수 직무 역량임을 설명하고 강조했다.

'신임 경찰을 위한 보통의 매뉴얼'이라는 제목의 3차시 교육에서는 치안 패러다임의 변화를 짚으며 젠더폭력에 대응하는 실습을 통해 경찰에게 필요한 성평등 실천 역량을 갖출 수 있도록 했다. 인공지능을 중심으로 한 정보통신기술의 발달로 신종 범죄가 발생하고 피해 규모가 커지는 현실에서 경찰이 무엇을 해야 하는지 생각해보자는 취지에서 마련한 과목이었다. 경찰이 지역사회에서 다양한 시민들의 요구를 이해하고 그 요구에 응할 수 있어야 한다는 것, 성별 등의 요인에 따라 시민들이 각기 다른 형태의 안전을 요구할 수 있음을 이해하고 이를 해결할 수 있는 직무 능력을 강화해야 한다는 것, 성평등이란 모두가 차별 없이 안전할 수 있는 사회를 만들어가는 공감 능력이라는 것 등을 강조했다. 신임 경찰을 대상으로 한 성평등 교육 과정은 매년 그 내용이 조금씩 바뀌지만, 2019년 처음 개발된 이 성평등 교육 과정의 교수법과 교육 내용이 여전히 바탕을 이루고 있다.

불편한, 그러나 신선한 교육

중앙경찰학교 교수자들은 흔히 학생들이 가진 성평등에 대한 저항감을 교육의 가장 큰 어려움으로 꼽는다. 수업 현장에서뿐 아니라 이메일로도 반감을 표현하는 남성 교육생까지 있다고 한다. 중앙경찰학교는 한 기수에 해당하는 약 3000명의 교육생을 다양한 학급으로 나눠 운영하고 있다. 각 학급마다 분위기가 조금씩 다른데, 그중에서도 특히 성평등 관련 교과목에 대한 반응은 학급에 따라 천차만별이다. 즉 성평등 관련 강의에 대한 교육 참여도, 수용도, 강의 평가는 여학생반, 경력채용반, 남녀합반, 남학생반을 통틀어 남학생반에서 가장 낮게, 즉 가장 부정적으로 드러났다. 이런 이유로 대부분의 교수진들은 20대 남성이 다수인 남학생반에서 교육을 진행하는 것을 가장 어려워했다.

나를 포함한 3명의 연구진이 개발한 10시간의 성평등 교육 과정은 앞으로 경찰학교 교수자들이 실제로 활용하게 될 강의안이었다. 그전에 먼저 연구자들이 신임 경찰을 대상으로 중간 시범교육을 하기로 했다. 여기서 나온 피드백을 참고해 교육 내용을 수정 및 보완하겠다는 계획을 세우고, 교육 운영이 가장 어렵다는 남학생반을 대상으로 시범교육을 진행했다. 1차시 교육인 '함께 걷는 워크숍'을 시작으로 3차시까지 교육을 무사히 마쳤는데, 내가 맡은 2차시의 '제복 입은 시민, 시민의 삶에 공감하다'가 다른 과목에 비해 평가 점수가 낮았다. 성평등에 대한 내용을 본격적으로 다루는 교과목이라 걱정이 컸는데 결과도 예상대로였던 것이다. 마음을 가다듬고 평가 내용을 찬찬히 살펴보니 긍정적 평가는 논리적이고 구체적인 데 반해 부정적 평가는 감정적 반응이 대다수였다. 전체적으로는 '불편하다'는 의견과 '신선하다'는 의견이 공존했다.

교육생 중에는 경찰 채용 조건이나 체력 요건에 불만을 가진 이도 있었고, 이미 다 아는 내용을 왜 교육받아야 하냐며 반감을 표출하는 이도 있었다. 2018년 당시 중앙경찰학교 관계자의 말에 따르면, 성평등 교육이 진행되는 남학생반은 성평등에 대한 저항감이 반 전체의 분위기로 조성되어 있어 성평등에 동의하는 의견이 나오기 어려운 상황이었다. 사전에 이에 대한 설명을 들었던 터라 긴장과 우려 속에서 교육을 진행했는데, 교육생들은 의외로 높은 집중도를 보였다. 성평등 관련 내용에 대해 공격적으로 반감을 표출하는 모습은 찾아볼 수 없었다.

시범교육은 여러 면에서 인상적이었는데, 특히 2차시에 진행된 모둠 토론은 교수자인 나에게도, 교육생들에게도 긍정적인 에너지를 가져다주었다. 염려했던 것과 달리 교육생들은 서로 의견을 주고받는 토론 시간을 흥미로워했고, '토론을 통해 사람마다 생각이 각기 다르다는 것을 느낄 수 있었다', '모두 같은 수업을 들었고 같은 과목을 배웠지만 각 사례에 대해 다르게 생각할 수 있다는 것이 놀라웠다'는 소감을 전해주었다. 교수자인 나 역시 경직되어 있던 것은 도리어 나 자신이었을지도 모른다는 반성과 함께 남학생 집단에 대한 오랜 편견을 깨는 계기가 되었다.

또한 남성 교육생들은 다른 이들의 이견에 흥미로워하며 의외라는 반응을 보이기도 했다. 이를테면, 모둠 토론에서 '내 나이가 적다는 게 확인되었다면 나에게 반말을 하는 것은 괜찮다'는 문항에 대해 '경찰 조직 팀워크 상승 효과와 친밀감 형성' 등의 이유로 반말에 동의하는 교육생보다 '기분 나쁘다', '존중받지 못하는 기분이 든다', '친구 사이가 아닌데 굳이' 등의 반대 의견을 제시한 교육생들이 많았다. 하지만 모둠별 반응은 각기 달라서, 어떤 모둠에서는 반말에 동의하는 입장이 우세했고 다른 모둠에서는 반대하는 입장이 우세했다. 교육생들은 자신이 속한 모둠에서 우세한 입장과 반 전체에서 우세한 입장이 다를 수 있다는 사실, 그리고 자신의 모둠과 전혀 다른 입장을 가진 모둠이 있다는 사실에 놀라움을 감추지 못했다.

더 많은 내용을 알고 싶어 하는 교육생들의 간절한 눈빛도 인상적이었다. 남성 교육생들은 연령, 이주노동자, 채용, 장애, 성별에 대한 모둠 토론뿐 아니라 사회 통념에 대한 주제에서도 다양한 생각과 의견을 피력했다. 그중 '성매매를 금지하면 성폭력 피해가 늘어날 것이다'라는 문항에 대해 '그렇다'고 동의를 표한 교육생이 동의하지 않는 교육생보다 2배 많았다. '성매매는 지금까지 있어왔고 성매매가 나쁘다는 생각은 잘못된 것이다', '성욕 조절 공간을 만들어주는 것이 좋다', '금지하면 욕구가 더 커져서 큰 범죄로 이어질 수도 있다' 등이 동의의 주된 이유였다.

　　성매매를 금지하면 성폭력이 늘어날 것이라는 생각의 기저에는 대부분 '남성의 성욕은 해소되어야 한다'는 전제가 깔려 있다. 다양한 교육을 통해 사회적 인식에 변화가 일고 있긴 하지만 남성은 성욕이 강하고 본능적이며 충동적이라는, 그 욕구를 해소하지 않으면 성범죄로 이어질 수도 있다는 잘못된 통념을 가지고 있는 이들이 여전히 많다. 이런 맥락을 고려해 교육생들에게 성매매를 허용할수록 성폭력이 더 많이 발생하는 현실에 대해 자세히 설명해주었다. 실제로 성매매를 합법화한 국가들에서는 전면적으로 금지한 국가들보다 훨씬 더 높은 강간 범죄 발생률을 보이고, 합법화 이후 각종 여성폭력과 인신매매가 증가하는 경향이 있다. 이뿐만 아니라 성매매를 허용하는 문화는 여성을 성적 대상으로 간주하고 상품으로 취급하는 태도를 더욱 강화한다는 점을 강조하기도 했다. 교육생들에게 이 부분을 강조하고 싶었던 이유는 (일반 시민이 아닌) 경찰관이 성에 대해 갖는 왜곡된 인식이 피해자를 의심하게 하거나 성폭력의 원인을 피해자에게서 찾게 하는 등의 심각한 인권침해를 초래할 뿐 아니라 성매매나 디지털 성범죄 사건 수사에도 악영향을 미치기 때문이다.

경찰관으로서 알고 있어야 할 사실인 성욕은 통제나 조절이 가능하며 성폭력의 원인이 될 수 없다는 점, 성욕이 있다는 것과 성폭력을 행한다는 것은 전혀 다른 의미를 갖는다는 점, 성폭력의 원인은 성욕이나 술이 아니라 그 순간 '그렇게 해도 괜찮다'는 생각과 이를 허용해주었던 사회라는 설명을 쭉 이어가는데, 고개를 끄덕이며 열심히 듣는 모습이 눈에 들어왔다. 대부분의 교육생들이 성매매 관련 내용과 성차별적 사회구조를 지목하는 것에 반감을 갖고 있을 것이라는 내 예상이 또 한번 빗나가는 순간이었다. 사회 통념과 왜곡된 성 인식에 대해 좀 더 정확히 알고 싶어 하는 교육생이 꽤 많다는 사실을 알 수 있었다. 이런 긍정적인 피드백에 힘입어 나 역시 교육생들에게 얼마든지 이견을 제출해도 된다는 감각을 심어주고자 했다.

다소 찜찜한 기억도 있다. 2차시 교육 내용 중 '사건: 사회구조적 문제로 보기'에서 혜화역 시위를 다뤘는데, 한 교육생이 평가서에 혜화역 시위는 사실 왜곡에 의해 일어난 사건인데 예시로 사용하는 것은 적절치 않다는 의견을 남긴 것이다. 항상 국민을 위해 일하는 경찰을 위한 교육 과정에서 혜화역

시위 같은 왜곡되고 거짓된 자료를 사용하는 건 획일적 가치관을 주입하는 것이나 다름없다는 게 그의 주장이었다. 만일 그 교육생을 직접 만날 수 있는 기회가 생긴다면, 당시 교육 내용에서 미투운동과 함께 경찰의 불법촬영 수사의 문제점을 짚었던 이유에 대해 정확히 설명해주고 싶다. 즉 내가 강조하고 싶었던 것은 사건을 사회구조적으로 해석하는 것의 중요성이었고, 그 해석의 역량을 키워주는 성평등 관점이 왜 특히 경찰에게 필수적인가였다.

불법촬영 편파 수사 규탄 시위가 한창 확산되던 즈음, 두터운 친분이 있던 한 경찰관과 대화할 기회가 있었다. 그는 위의 교육생과 다르면서도 비슷한 의견을 피력했는데, 주로 현직 경찰의 억울함과 어려움에 관한 것이었다. 불법촬영과 유포로 인한 여성 피해자의 고통을 충분히 이해하기에 경찰도 범죄자를 잡기 위해 노력하고 있는데, 현실적으로 검거가 어려운 상황에서 경찰을 규탄하니 억울하다는 것이었다. 그의 말을 충분히 듣고 난 뒤, 나는 검거가 정말 불가능한지 질문했다. 이 질문은 곧, 경찰들이 계속해서 '못 잡는다'는 말만 반복해왔는데 정말로 잡을 수 없는 것이 아니라 잡기 위한 노력을 제대로 기울이지 않은 게 아니냐는 문제제기였다. 그는 나의 이런 질문을 신선해했고, 이로 인해 자신이 어떻게 다른 관점을 갖게 되었는지 지금도 종종 이야기하곤 한다. 불법촬영 규탄 시위의 형식이나 내용 등과 관련해 다양한 비판이 가능하겠지만, 경찰이라면 시위의 의미를 해석해 시민이 겪는 문제에 대응하고 경찰이 해야 할 일을 찾아야 한다는 것을 깨닫게 되었다고 했다.

실제로 해당 시위를 계기로 많은 이들이 해당 사안에 대한 공감과 지지를 표출했고, 불법촬영 피해는 중요한 사회문제로 부상했다. 이후에 경찰 역시 '해외 서버라 수사가 어렵기는 하나 그렇다고 불가능하다는 것은 아니다'[3]라는 입장을 발표하며, 디지털 성범죄 모니터링으로 결정적 단서를 제공한 여성들과의 협업, 2020년 디지털 성범죄 특별수사본부 설치,[4] 디지털 성범죄자 검거를 위한 해외 수사기관과의 공조 등 변화하는 모습을 보였다. 사이버 성폭력 범죄 수사에 사이버 수사관을 투입하면서[5] 아동 성착취물 다크웹 '웰컴투비디오' 운영자, 성착취물 유포 채널 운영자, 성착취물 대화방 운영자를 검거 및 구속하는 성과를 내기도 했다. 시민의 목소리에 응답했기에 가능한 일이었다. 민갑룡 전 경찰청장은 취임 이후였던 당시 첫 치안 현장 방문지로 혜화역을 택하고 경찰청 본청에도 사이버 성폭력 수사팀 신설을 지시하며 '모든 수단을 강구해 영상의 생산·유포자는 물론 가담·방조한 자도 끝까지 추적해 검거하겠다'는 의지를 밝혔다.[6]

성평등 교육은 계속되어야 한다

신임 경찰을 대상으로 한 성평등 교육 과정이 개발되고

의미 있는 성과를 거둘 수 있었던 것은 경찰청 성평등정책담당관실, 중앙경찰학교, 한국양성평등교육진흥원,[7] 그리고 연구진으로 참여한 3명의 젠더 전문가 모두가 각자의 역할에 최선을 다한 덕택이다. 자원도 부족하고 여러모로 어려운 조건이었지만, 경찰청 성평등위원회 위원, 시민, 공공기관이 긴밀한 소통 속에서 그야말로 젠더 거버넌스를 구축한 사례라고 할 수 있다. 교육의 필요성과 취지에 공감한 한국양성평등교육진흥원이 자체 예산을 투입해 직접 진행했고, 이런 노력으로 신임 경찰을 대상으로 한 10시간 성평등 교육의 내실 있는 컨텐츠를 생산할 수 있었다.

2018년 미투운동 이후 한국사회에는 성평등에 대한 관심과 요구가 급속하게 높아졌고, 여성폭력 문제의 근본적인 해결을 위해 성차별적 구조를 개선해야 한다는 공감대가 만들어졌다. 그 덕택에 정부 기관이나 지자체에서도 성평등정책을 추진해야 한다는 목소리가 확산되었고, 특히 국민의 안전을 담보하는 경찰에게 성평등 관점은 필수적인 업무 역량으로 자리매김했다. 2019년 시작된 신임 경찰 대상 성평등 교육과정도 그런 흐름의 일환으로, 경찰 조직 내부에 성평등 문화를 확산하고 경찰의 업무 역량을 강화할 목적으로 마련되었다. 2024년 현재, 정부의 성평등 의지 부재로 관련 정책과 교육 현장이 여러 난관을 겪고 있지만 성평등한 경찰이 시민과 호흡할 수 있다는 사실은 변하지 않기에 신임 경찰 대상 성평등 교육은 일관되게 추진되어야 한다.

신임 경찰 대상 성평등 교육 과정이 개발된 지 5년이 지난 지금, 중앙경찰학교에서 10시간의 성평등 교육이 필수 과정으로 자리 잡았다는 것은 뜻깊은 변화다. 물론 이를 바라보는 교육생들의 시선이 여전히 곱지만은 않은 것도 사실이다. 성평등에 대한 교육생들의 부정적 인식은 성평등 관련 교과목에 대한 낮은 강의평가로 이어질 수 있고, 그로 인해 교수자들이 느끼게 되는 위축감은 성평등 강의 내용 구성에 영향을 미칠 수 있다. 하지만 이런 어려움이 비단 중앙경찰학교의 문제만은 아니다. 이는 여러 교육 현장에서 고민해야 할 과제이며, 참여식 교육, 쟁점을 설명할 수 있는 강의력, 수용도를 높일 수 있는 교육환경, 평가 점수 테러 방지 방안 등 다양한 방법을 모색할 필요가 있다.

　　갈수록 높아지고 있는 시민의 성평등 의식과 실천에 부응하려면, 경찰 역시 성평등 관점을 구축해야 할 필요가 있다. 성평등 관점이 더 이상 선택 사항이 아니라 시민의 안전을 담보하는 것과 직결되는 필수적인 직무 역량임을 고려할 때 중앙경찰학교의 성평등 교육 과정이 지속되어야 할 이유는 충분하다.

1 노미선·이임혜경·안선덕, 〈신임경찰 성인지 교육과정〉, 한국양성평등교육진흥원, 2019.

2 〈민갑룡 신임 경찰청장, "'제복 입은 시민'으로서 경찰 정신 구현할 것"〉, 《민중의 소리》, 2018. 7. 24.

3 이하나, 〈[인터뷰] 최종상 "n번방 가담자 추적 중… 끝까지 쫓아 붙잡는다"〉, 《여성신문》, 2021. 4. 9.

4 통상 경찰의 특별수사본부는 해당 시·도청에 설치된다. 이런 관행을 따르지 않고 2020년 경찰청(본청)에 디지털 성범죄 특별수사본부를 설치한 데서 사회에 만연한 디지털 성범죄 사건을 제대로 수사해 범인을 검거하고 피해자를 지원하겠다는 경찰의 의지를 엿볼 수 있다. 또한 피해자 지원이 수사본부의 중요한 한 축으로 구성되고 성평등정책담당관실이 특별수사본부에 포함된 것도 상당히 이례적인 일이었다.

5 〈[인터뷰] 최종상 "n번방 가담자 추적 중… 끝까지 쫓아 붙잡는다"〉.

6 같은 기사.

7 당시 회의에는 나를 비롯해 경찰청 성평등정책담당관실 설은미 경정, 중앙경찰학교 성평등정책 담당 박은희 행정관, 한국양성평등교육진흥원 조혜련 본부장 및 정현희 대리, 마인드프리즘 노미선 디렉터, 젠더N다양성센터 안선덕 대표가 함께 참여했다.

경찰 관리자 성평등 교육, 변화의 시작

이은아(이화여대 여성학과 부교수, 경찰청 성평등위원회 위원)

여성들은 왜 '공정한' 수사를 원하는가?

지난 10여 년간 페미니즘과 관련한 많은 이슈와 사건이 있었다. 2015년 2월 어느 팝 칼럼니스트가 〈IS보다 무뇌아적 페미니즘이 더 위험하다〉라는 글을 SNS에 공유해 페미니즘에 대한 온갖 편견과 혐오를 드러냈을 때, 페미니스트들은 '#나는_페미니스트입니다' 해시태그 운동을 통해 그에 맞섰다. 해시태그 운동은 페미니즘에 대한 편견에 반대하며 자신이 페미니스트임을 선언하는 움직임이었다. 2016년 강남역 살인 사건이 발생했을 때는 청년 여성들 사이에서 '운이 좋아 살아남았다'는 인식 또한 공유되었고, 여성혐오 범죄에 대한 사회적 인식 또한 확대되었다. 2017년에는 가정폭력 피해자 보호 시설에 가해자가 침입한 사건에 경찰이 소극적으로 대응한 것을 두고 '#경찰이라니_가해자인줄'이라는 해시태그 운동도 일어났다. 2018년 시작된 미투운동과 같은 해 불법촬영 편파 수사를 규탄했던 혜화역 시위, 2020년 텔레그램 성착취 사건과 2022년 신당역 스토킹 살해 사건 등에 이르기까지 많은 사건들이 있었고, 그와 함께 페미니즘 운동도 활발히 전개되었다.

2015년 이후 온라인 공간을 중심으로 촉발된 페미니즘 대중화는 '여성에게 안전한 사회는 없다'는 인식과 함께 여성폭력 근절과 여성혐오 범죄 예방을 위한 국가의 역할과 책임을 촉구했다. 2018년 청와대 국민청원게시판에 올라온 '여성도 대한민국 국민입니다. 성별 관계없는 국가의 보호를 요청합니다'라는 청원에 40만 명 이상이 보낸 동의는 이런 흐름을 잘 보여준다.' 그동안 발생한 사건들을 일일이 열거하지 않더라도 많은 여성들은 자신이 여러 폭력 범죄에 노출되어 있으며, 일상에서 안전하지 못하다고 느낀다. 경찰이 '공정한' 수사를 해야 하며, 무엇보다 젠더폭력에 대한 이해와 성평등 관점을 갖춰야 한다는 여성들의 주장은 이런 맥락에서 비롯된 것이다.

경찰은 '국민의 생명과 재산을 보호하고 법과 질서를 수호하고 국민의 경찰로서 모든 국민이 안전하고 평온한 삶을 누릴 수 있도록 실천할 것'[2]을 약속해왔다. 이 약속에 따르면, 경찰은 모든 시민의 안전을 위해 노력할 의무가 있고, 시민은 차별 없이 안전하고 평온한 삶을 누릴 권리가 있다. 그런데 만일 누군가가 자신이 특정 성별 혹은 집단에 속한다는 이유로 안전을 보장받지 못한다면, 그 사람은 국가와 경찰을 신뢰하기 어려울 것이다. 경찰이 약속대로 모든 시민의 안전을 지켜낼 수 있으려면 어떤 변화가 필요할까?

뿌리 깊은 남성중심적 조직문화

먼저 경찰 조직 내 성별 현황부터 살펴볼 필요가 있다. 여성 경찰의 역사는 경무부 공안국에 여성경찰과가 설치된 1946년 미 군정기로 거슬러 올라간다. 그해 모집된 여성 경찰 16명은 조선국립경찰학교(국립경찰전문학교의 전신)에서 2개월간의 교육 훈련을 받은 뒤 서울에 배치되었다. 다음 해인 1947년 1월에는 여성경찰서가 처음 신설되었으나, 약 10년 만인 1957년 폐지되었다. 시대 변화에 따라 여성 경찰의 역할이 늘어나면서 1967년 청소년 전담요원인 여경학사 1기 38명,[3] 1972년 200명, 1977년 80명이 모집되었다.[4] 이후 한동안 여성 경찰 채용이 뜸하다가 1986년 아시안게임과 1988년 올림픽을 대비해 다시 여성 경찰을 채용했다. 그러나 여성들은 주로 수사 부서보다는 내근직에 배치되는 경우가 많았다. 이후 여성 경찰의 업무 영역이 확대되면서 1989년 처음으로 경찰대에서 여학생 입학(120명 중 5명)을 허가했다.

1999년에는 여경 기동대가 창설되었으며, 2005년에는 여성 경찰 비율을 제도적으로 늘리기 위해 여성경찰채용목표제가 시행되었다. 여성 경찰 비율은 2008년 6.2퍼센트에서 2015년 9.4퍼센트로 다소 증가했으나,[5] 2020년 13.1퍼센트, 2022년 14.8퍼센트로 여전히 낮은 편이다. 공직에 진출하는 여성들이 늘어나면서 지방자치단체 여성 공무원 비율은 49.4퍼센트[6]로 빠르게 증가한 데 비해 여성 경찰 비율은 14.8퍼센트[7]로 이보다 훨씬 저조한 수준이다(2022년 기준). 왜 경찰 조직은 다른 공공 조직보다 인력 구성상의 변화가 더딜까?

"'여성은 남성보다 힘이 약하다'는 게 맞는 말일 수도 있지만, 틀린 말일 수도 있어요. 사람마다 다르다고 생각해요. 정말 말 그대로 '편견'인 것 같아요. '여자는 약해서 남자가 보호해야 한다' 같은 거요. …… 제가 초임 때 선배들에게 제일 많이 들었던 말이 '우리가 현장에서 너희를 보호해야 해서 더 불편하다'였어요. 그러면서 또 '여경은 하는 일도 없잖아'라는 얘기도 많이 들었죠. 시간이 꽤 지났지만 지금도 여자라면 마냥 약하다는 편견이 아직 있는 것 같아요."[8]

— 《마인플래닛》 경찰 인터뷰 중에서

위의 인용문은 21년 차 경력을 가진 한 여성 경찰의 인터뷰 내용이다. 국민을 보호하는 경찰은 남성을 보호의 주체로 규범화하고, 여성은 보호의 대상 혹은 보호의 주체를 보조하거나 지원하는 존재로 설정한다. 즉 보호의 주체인 경찰은 '남성'이며, 보호가 필요한 시민은 '여성'이라는 젠더 규범이 오랫동안 경찰 조직을 뒷받침해온 논리였다. 이뿐만 아니라 경찰은 육체적으로 힘이 센, 강한 남성의 이미지를 통해 이상화되고, 이상적인 경찰 이미지에 부합하지 못하는 여성 경찰은 온갖 사회적 편견에 둘러싸이게 된다. 경찰 조직 내부에서도 여성 경찰은 종종 '경찰' 대신 '여경'으로 호명되거나, 단지 여성이라는 이유로 한정된 역할과 업무를 부여받는 경우가 오랫동안 지속되어왔다.

1999년 경찰은 평화적인 집회·시위 문화를 정착시키기 위해 '여경 폴리스라인'을 시위 현장과 거리 행진 경로에 배치한 적이 있었다. 여성 경찰관이 맨 앞줄에 있으면 물리적 충

돌 사태를 줄일 수 있을 것이라는 발상에서 이른바 '립스틱 라인'을 운용한 것이었다.[9] 성별 고정관념은 경찰청 문서나 홍보물에서도 심심치 않게 등장한다. 2015년 경찰청이 지방경찰청에 보낸 조계사 검문검색 관련 업무 지시 공문을 보면, '여경을 남성 경찰관과 함께 검문검색에 배치해 부드러운 분위기를 조성하도록 하라'는 내용이 있다.[10] 1999년 처음 만들어진 경찰청 캐릭터 '포순이'는 2020년 변경 전까지 줄곧 치마를 입은 모습으로 제시되었다. 2016년 범죄 신고 안내 현수막에서도 큰 몸집으로 힘을 과시하는 남성 경찰은 '긴급범죄 신고'를 안내하고 있고, 미소를 띤 얼굴로 경례하는 여성 경찰은 '기타 신고 및 상담 업무'를 안내하고 있다.[11](90쪽) 이렇듯 여성은 일반 '경찰'이 아닌 예외적인 '여성 경찰'(여경)로 간주되며 핵심 업무보다는 주변적이고 보조적인 업무를 맡는 것이 자연스럽다고 여겨져왔다. 이렇듯 성별에 따른 직무 분리는 경찰 조직 내 성별 고정관념과 여성 경찰에 대한 편견을 강화하며, 수사의 공정성 또한 해치는 결과를 초래하게 된다.

오랫동안 이어져온 남성중심적 조직문화와 성별 직무 분리는 조직 내 개개인의 인식뿐 아니라 경찰 업무에도 반영되며 궁극적으로 시민과 사회에 부정적인 영향을 미친다. 시민의 안전을 가장 우선해야 할 경찰 조직이 성별 고정관념과 편견을 갖고 있다면, 시민은 경찰을 신뢰할 수도, 공정한 수사를 기대할 수도 없을 것이다. 달리 말하면 경찰이 고정관념과 편견에서 자유롭고, 성별에 따른 직무 배치나 승진 차별이 없는

2001년의 포돌이·포순이 캐릭터(1.0 버전)

**2013년의 포돌이·포순이 캐릭터(2.0 버전, 왼쪽)와
2020년의 포돌이·포순이 캐릭터(3.0 버전, 오른쪽)**

© 국립경찰박물관 포돌이·포순이 관련 유물

평등하고 민주적인 조직이 될 때, 시민 역시 안전한 사회에서 살아갈 수 있다. 더욱이 시민들의 성평등 인식은 계속해서 높아지고 있고, 새로운 기술이 출현하며 안전에 대한 요구도 크게 변화하고 있는 상황이다.

관리자와 실무자를 위한 성평등 교육

우리는 위험에 처했거나 도움이 필요할 때 가장 먼저 경찰을 떠올린다. 그만큼 경찰은 물리적으로든 심리적으로든 시민과 가장 가까운 곳에 있다. 경찰은 법질서를 유지하고, 시민들이 기본적인 인권과 자유를 보장받을 수 있도록 하며, 범죄를 예방하고, 공공에 필요한 서비스를 제공한다. 말하자면 경찰에 대한 신뢰는 내가 살아가는 사회가 안전하다고 믿을 수 있는 가장 기본적인 조건을 이룬다.

또한 경찰은 시민이 사법 과정에서 가장 처음 만나는 공권력이기도 하다. 그런 경찰이 성인지 감수성과 젠더폭력에 대한 이해가 부족하고 심지어 성차별적 태도를 보인다면, 시민들은 사법기관이나 그 절차에 안심하고 다가갈 수 없을 것이다. 반대로 경찰이 성인지 감수성을 가지고 시민의 이해와 요구를 인식한다면 더 좋은 정책을 만들고 실행할 수 있다. 시민은 동질적이거나 단일한 집단이 아니며, 성별, 연령, 장애,

문화적 배경, 지역 등 다양한 차이에 따라 '안전'에 대한 요구도 다를 수밖에 없다. 이때 경찰은 안전에 대한 서로 다른 요구들을 이해하고 이를 정책에 반영해야 한다.

　예를 들어, 2006년 처음 발생하기 시작한 보이스피싱 범죄는 초기에는 주로 고령층을 대상으로 이뤄졌으나 최근에는 20대 이하 젊은 층의 피해가 늘고 있다. 범죄 수법이 변화하고, 기관사칭형 보이스피싱 범죄가 늘어나면서 젊은 층의 피해자가 늘어난 것이다.[12] 또한 〈경찰청 범죄통계〉에 따르면, 2022년 강력범죄 피해자의 성별 비율은 남성 11.7퍼센트, 여성 86.5퍼센트, 성별 불상 1.8퍼센트로 여성이 절대적으로 많다.[13] 2010년대 이후 청년 여성들 사이에서 등장한 '안전 이별'이라는 용어 역시 스토킹이나 교제폭력 범죄가 현저히 늘어난 맥락을 반영하고 있다. 친밀한 관계를 지속하고 끝내는 데도 '안전'이 필요해진 것이다. 따라서 경찰이라면 갈수록 더 다양해지는 차이와 안전에 대한 요구를 인식하고 특히 성평등 관점으로 적극적으로 대응할 수 있어야 한다.

　이러한 인식에 따라 유엔경찰UNPOL, 유럽안보협력기구OSCE, 유엔마약범죄사무소UNOCD, 제네바민주안보거버넌스센터DCAF 같은 국제 기구들은 경찰 혹은 안전 분야에서 성평등 교육의 필요성을 강조하고, 교육 매뉴얼을 만들어왔다. 매뉴얼에서는 주로 경찰 업무에 왜 젠더 관점이 필요한지, 어떻게 성평등한 경찰이 될 수 있는지 다루고 있다. 예를 들어 성별에 따라 범죄에 어떻게 달리 노출되거나 영향을 받는지, 혹은 경찰 조직 내에서 어떻게 여성과 남성이 동등한 기회를 가질 수 있는지 등의 구체적인 내용을 제시한다. 또한 성별(권력관계)에 따라 안전에 대한 요구가 다르며, 이에 대응할 수 있도록 경찰의 역량을 강화하는 것은 물론 조직 내부에 성차별적이지 않은 제도를 확립하는 것이 중요하다는 점을 지적한다. 이외에도 경찰처럼 계급화된 조직에서 조직의 변화를 도모하기 위해서는 관리자의 역할이 특히 중요하다. 관리직 경찰의 인식 변화를 기반으로 전체 경찰 조직을 성평등한 방향으로 변화시키는 것이 주된 과제인 셈이다. 먼저 관리직 경찰에게 지금까지 일해왔던 방식이나 조직 내 고정관념이나 편견 등을 돌아보고 성찰할 수 있는 기회가 필요하다. 그리고 구성원의 변화와 사회적 요구를 바탕으로 앞으로의 방향과 비전을 제시할 수 있어야 한다.

2018년 미투운동 이후 성평등에 대한 시민의 관심과 요구가 높아지면서 경찰청은 2018년을 '경찰 성평등 원년'으로 선포하고 같은 해 3월 성평등정책담당관실을 신설했다. 담당관실에서는 〈2018~2019 경찰청 성평등 기본계획〉을 수립한 뒤, 성평등정책 역량 강화 교육 계획을 포함했다. 이뿐만 아니라 2018년에 경찰 관리자 대상 성평등 교육 시간을 배정했고, 2019년에는 총경 승진자 대상 성평등 교육 시간을 3시간에서 7시간으로 늘렸다. 경감·경정 대상 교육 시간 역시 1시간에서 2시간으로 늘렸고, 경찰관서별 계·팀장 이상을 대상으로 하는 1시간짜리 성평등 교육도 신설했다. 이 일련의 성평등 교육은 전 직원을 대상으로 한 성희롱·성폭력 예방교육과 별개로 직무교육의 형태로 이뤄졌다. 이외에도 여성폭력 대응 관련 현장 경찰 및 여성·청소년 직무교육에 성평등 관련 교육 시간을 추가로 배치했다. 이로써 경찰은 성평등이 국민의 생명과 안전을 위한 경찰정책에서 필수적이라는 것을 명확히 했다.

언어와 조직문화를 고려한 성평등 교육을 고민하다

성평등 교육이 경찰 직무교육으로 자리 잡게 하기 위해서는 경찰 조직 특성에 맞는 교육 내용을 구성하는 것이 가장 중요하다. 그 취지에 맞게 〈2018~2019 경찰청 성평등 기본계획〉에서는 경찰 업무 및 치안정책 특성을 반영한 강의안을 개발했고, 전문강사를 활용해 교육을 추진하도록 계획을 수립했다. 성평등정책담당관실은 2018년 첫 연구 용역 과제로 총경(일반공무원 4급, 경찰서장) 승진자들을 대상으로 한 성평등 교육 콘텐츠 개발을 시작했다. 오랫동안 성평등 교육을 연구하고 진행해온 전문가들이 이 과제에 연구진으로 참여했고, 나 역시 공동연구진으로 참여할 수 있었다.

성평등 교육은 젠더 지식뿐 아니라 교육 대상자에 대한 이해, 그리고 페미니스트 페다고지 등 오랜 경험과 지식이 필요하다. 연구진들은 모두 여성학 지식과 오랜 교육 경험을 보유하고 있어 교육 콘텐츠를 개발하는 데 큰 어려움을 겪지는 않았지만, 성평등 교육이 직무교육의 일환으로 이뤄질 수 있도록 교육 대상자를 이해하고 그들의 요구가 무엇인지 파악할 필요가 있었다. 경찰 조직의 업무 특성은 물론, 경찰 관리자로 일해온 남성 참여자들과 신임 경찰들의 특성, 그리고 성평등한 경찰에 대한 시민의 요구를 파악하고, 이를 어떻게 경찰 직무에 포함할 수 있을지 성평등정책담당관실과 연구자들이 함께 고민했다.

이를 위해 자문회의나 초점집단면접 형식으로 경찰들을 만나 조직 내부의 이야기를 듣고자 했다. 예를 들면 조직 내에는 계급을 비롯해 성별, 연령, 업무, 지역(예를 들어 1급지와 3급지,[14] 서울을 비롯한 대도시, 중소 도시 등) 등과 같은 다양한 차이 요인이 있고, 성평등 인식 수준도 직급보다는 연령이나 부서(업무)에 따라 다르다. 또한 중소 도시일수록 신임 경찰 유입률이 적고 성별 인식이 보수적이며 남성중심적인 조직문화가 더 강하다는 의견도 있었다. 이처럼 연구를 수행하면서 같은 조직이라 하더라도 그 내부의 변화 속도는 결코 같지 않다는 것을 알 수 있었다.

연구를 통해 우리는 성평등한 경찰 조직으로 변화하기 위해 시급하게 해결해야 할 과제가 바로 여성 경찰에 대한 새로운 인식을 마련하는 것임을 알 수 있었다. 여성 경찰이 보호의 대상이나 보조적 위치가 아닌 그야말로 동료가 될 수 있는 조직문화가 구축되어야 했다. 2018년 방영된 tvN 드라마 〈라이브〉에 나오는 한 장면처럼 여성 경찰은 조직 내에서 누군가의 '딸'처럼 보호받는 존재가 아닌 동료로 인정받기를 원한다. 여성 경찰을 온정적 태도로 대하는 것은 여성과 남성 모두에게 차별이 될 수 있다. 그렇다면 여성과 남성은 어떻게 동등하게 함께 일할 수 있는가? 고위 관리직은 여성과 남성 모두에게 동등한 기회를 제공하고 있는가? 만약 경찰시설과 제도 등이 남성만을 기준으로 한다면, 여성은 경찰로서 업무 능력을 충분히 발휘할 수 있을까? 관리자라면 경찰 조직의 그 누구라도 성별 때문에 업무 능력과 기회를 제한받지 않도록 살피고 이끌 책임이 있다.

이삼보(경위-사수, 60세 남성): 다시 생각해. 네가 만약 내 딸이라면 난, 경찰 관두라고 한다. 나, 너 경찰 일 더하라고 설득하라고 여기 온 거 아냐. 진짜 힘들면 경찰 관둬. 그거 패배 아니야. 뭐 한다고 뻑 하면 시체 보고, 흉악한 범인 보고 그런 일 하며 살아. 너는 젊고 세상에 경찰 말고도 얼마나 할 일이 많은데. 무서운데 오기로 경찰 일 하는 거, 그거 아냐. 안 해도 돼, 진짜. 며칠만 더 생각해. 나 간다.

송혜리(순경-부사수, 29세 여성): 진짜 되게 웃긴다, 내가 주임님 딸이에요? 동료지. 내가 이래서 주임님 싫어요. 날 동료 취급 안 하는 거. 동료가 힘들면 참아라, 이겨내라, 난 널 믿는다, 그렇게 말해줘야지, 관두라는 게 말이 돼요? 나는요,

힘들어도 이겨낼 거예요. 그래서 주임님처럼 사람이 죽은 거 봐도 당황하지 않고 살아 있는 사람도 침착하게 살릴 거예요. 최명호 경장님, 오양춘 경위님보다 더 멋진 경찰 될 거예요. 두고 봐요, 내가 멋진 경찰이 되나 안 되나.

— tvN 드라마 〈라이브〉(2018) 대사 중에서

'좋은 리더'를 위한
성평등 교육 콘텐츠를 개발하다

경찰 조직에서 총경은 경찰서장, 경찰청 및 시·도 경찰청의 과장으로 매우 중요한 역할을 한다. 구성원들에게 가장 직접적으로 영향력을 행사하는 사람은 경정 계급에 해당하는 계장과 팀장이지만, 다시 이들에게 영향력을 행사하는 사람이 바로 총경이기 때문이다. 특히 팀장은 사건 처리에서 가장 핵심적인 역할을 하기 때문에 관리직의 성평등 관점은 매우 중요하다. 또한 관리자는 구성원들이 존중받고 동등하게 일할 수 있도록 해야 하고, 조직 안에서 누군가 배제되지 않는지 살필 수 있어야 한다. 만일 누군가가 자신이 속한 조직에 포함된다고 느끼지 못한다면, 어떻게 동료를 신뢰하고 제대로 된 업무 역량을 발휘할 수 있겠는가? 다시 강조하건대, 경찰의 성평등 업무 역량은 시민의 안전을 지키는 일과 직결된다.

연구진들은 이런 고민과 질문, 그리고 토론을 거쳐 관리직 경찰에게 필요한 성평등 교육 내용을 구성했다. 총경 승진자를 대상으로 한 치안정책 과정에 들어갈 7시간짜리 표준교육안은 바로 그 결과물이었다. 먼저 관리자로서 성평등 조직문화의 필요성을 이해하고, 성평등한 조직문화의 주요 이슈들을 살펴봄으로써 조직문화를 이끌어갈 리더십 역량을 함양하는 것을 교육 목표로 삼았다. 그리고 다음과 같은 세 가지 질문을 중심으로 교육안을 구성했다. 첫째, 21세기의 치안 환경은 어떻게 변화하고 있으며, 성평등 리더십은 왜 필요한가? 둘째, 어떻게 성평등 리더십을 높일 것인가? 셋째, 어떻게 성평등한 경찰 조직을 만들 것인가? 연구진으로서 나는 '어떻게 성평등정책을 펼 것인가'라는 질문을 중심으로 성 중립적이거나 성별과 무관하게 여겨지는 치안정책에 왜 성평등 관점이 필요한지, 해당 업무에서 누구도 배제하지 않으려면 어떤 노력이 필요한지를 고민하며 교안을 개발하고자 했다. 특히 경찰정책이 성평등한 관점에서 이행될 수 있도록 성별 통계 활용과 정책의 성별 분석 방법 등을 교육 내용에 포함했다.

한편 2019년 〈양성평등기본법〉 개정에 따라 모든 공무원이 성인지 교육을 받아야 할 의무를 지게 되었으며, 성평등 교육 수요에 대응할 필요성 역시 증가했다. 이때 경찰청은 〈2020~2024 경찰청 성평등 기본계획〉을 수립하고, 조직 전반에 성평등 가치가 내재화되도록 성평등 교육의 내실화 및 체계화를 주요 과제로 포함했다.

총경 승진자들을 대상으로 한 기존의 교육안이 성평등

〈표 5〉 총경 승진자 대상 성평등 교육 구성

주제	주요 내용	비고
21세기 치안 환경 변화와 성평등 리더십 (2시간)	• 4차 산업혁명과 공정성 • 한국사회, 공정성 요구 실태 • 젠더 공정성에 대한 이해 • 경찰 활동의 절차적 정의에 대한 이해 • 성평등 관점에 기반한 절차적 정의 • 경찰 지휘부의 성평등 리더십에 대한 이해	강의 동영상 스팟토론
성평등 치안 역량 UP! (2시간)	• 시민의 다양한 차이에 따라 치안의 요구가 다름을 이해하기 • 성인지 정책 개선 사례를 통해 성인지 감수성의 의미와 필요성 이해하기 • 치안에 성인지 감수성을 더함으로써 성평등 치안이 가능함을 이해하기	강의 동영상 스팟토론
모두를 위한 경찰, 성평등한 조직문화로부터 (3시간)	• 경찰 조직의 성평등, 왜 중요한가? • 성평등한 경찰, 우리 조직의 과제는 무엇인가? • 성평등한 조직, 어떻게 만들 것인가? • 액션플랜 및 리뷰	강의 워크숍 토론

※ 정재원·권수현·이은아, 〈경찰 관리자 맞춤형 성평등 표준 교육안〉, 경찰청, 2018, 19쪽.
https://www.prism.go.kr/homepage/entire/researchDetail.do?researchId=1320000-
201800028&gubun=totalSearch&menuNo=I0000002

치안과 조직 변화의 필요성에 초점을 두었다면, 이제 성평등
한 경찰정책을 실현하기 위해 관리자가 수행해야 할 역할을
체계적으로 제시할 필요가 있었다. 이런 문제의식에서 출발
한 것이 '21년 경찰 관리자 대상 성평등 표준교육안' 개발 과제
였고, 나는 이때 다시 한번 공동연구진으로 참여했다. 다른 연
구진과 선행연구들을 검토하고, 인터뷰나 기사, 영상 자료 등
을 찾아보면서 어떤 교육이 필요할지 고민하고 토론하는 시

간은 때로 버겁기도 했지만 유익했다. 젠더의 언어를 다양한 현장에 어떻게 접목할 수 있을지 질문하고 답하는 과정 자체가 페미니스트 페다고지라고 생각했기 때문이다. 2021년 개발한 표준교육안에서는 '치안정책' 대신 '경찰정책'이라는 새로운 용어를 바탕으로 관리자들이 성평등한 조직과 성평등정책을 이행해갈 수 있도록 구체적인 방향과 역할을 제시하고자 했다. 일선 경찰들이 좋은 리더를 만나고 싶어 하는 것만큼이나 경찰 관리자들 또한 좋은 리더가 되고 싶은 열망과 기대가 있다는 것을 확인할 수 있었고, 그런 분위기 속에서 연구진들은 '좋은 리더를 위한 5R 성평등 리더십' 교육안을 개발할 수 있었다.

상호존중을 기반으로 한 조직문화를 만드는 것은 리더의 주요 역할이자 책임이다. 특히 성차별적 언어 사용을 지양하는 분위기를 조성하는 것은 성평등한 조직을 만들어가는 첫걸음이다. 2020년 성평등정책담당관실에서 실시한 '조직 내 성차별적 언행' 설문조사 결과에 따르면, 호칭과 관련한 성차별적 언어를 지적한 의견이 많았다.[15] 예를 들어 같은 경찰인데 여성 경찰에게만 '여경'이라는 호칭으로 부르는 것은 분명 차별에 해당한다. 〈2020~2024 경찰청 성평등 기본계획〉의 가장 중요한 목표 중 하나도 성평등 조직문화이며, 이것은 모든 구성원들이 안전하게 일할 수 있는 가장 기본적인 조건이다. 2016~2020년 성범죄로 징계 처분을 받은 경찰관 총 194명 중 80퍼센트가 경위 이상의 직급임을 고려할 때, 조직문화를 개선하는 것은 그 무엇보다 절실한 과제다.[16] 젠더폭력은 기본적으로 불평등한 권력관계에서 발생하는 폭력이기에, 관리자라면 성폭력이 발생하는 원인과 그에 대한 예방책을 고민해야 할 책임이 있다.

성평등 교육에 대한 고민과
남은 과제들

성평등 교육 콘텐츠를 개발하는 과정에서 또 한 가지 중요한 문제는 누가 교육할 것인가이다. 한국을 비롯한 다수의 국가들이 성평등정책과 교육의 중요성을 강조하고 있고, 그에 따라 젠더 전문성에 대한 요구도 늘어나고 있다. 젠더 전문성을 명확하게 규정하기는 어렵지만, 일반적으로 "정책(또는 활동)과 성 불평등의 인과관계와 관련하여 전문적인 지식을 갖추고, 이 지식에 대한 제공을 공식적으로 요구받는 개인들"[17]을 젠더 전문가라고 한다.

2020년 경찰청은 〈경찰 성평등 운영 및 지원에 관한 규칙〉을 제정하고, '성평등 직무교육'(제17조)의 법적 근거를 마련했다. 해당 규칙에서는 성평등 교육이 '성평등한 직무 수행 역량 향상을 위한 교육'임을 명시하고, 이에 필요한 교육 내용을 포함했다. 여기에 맞춰 경찰청 성평등정책담당관실은 전국 각지의 젠더 전문가와 전문강사 양성 과정을 이수한 경찰관들로 전문강사진을 구성하고, 2021년 '전문강사 워크숍'을 개최했다.[18] 그 자리에서 80여 명의 강사진과 성평등정책 담당자들이 함께 모여 성평등 교육 방향과 교육안을 서로 공유했다.

전국에서 바쁘게 활동하고 있는 젠더 전문가들이 경찰 성평등 교육을 위해 한자리에 모여 교육 내용을 공유하며 고민과 질문을 나누는 것은 흔치 않은 풍경이다. 그날 그 자리에 많은 젠더 전문가들이 참여한 것은 모두가 페미니스트로서 성평등한 경찰로의 변화가 중요함을 인식하고 있기 때문이었을 것이다. 조직 내부의 전문 강사들은 현직 경찰관으로서 현장의 변화를 기대하며 내부에서 성장해온 전문가들이었다. 내부의 전문 강사와 외부의 젠더 전문가들이 마주한 그 자리는 시민과 경찰의 입장에서 함께 성평등을 고민할 수 있었다는 점에서 무척 의미 있는 자리였다.

돌이켜보면 내게 성평등 교육은 언제나 배움이자 질문이자 도전의 영역이었다. 나는 여성학을 전공하고 정책연구기관에서 일을 하면서 공공기관 종사자들을 대상으로 성평등 교육을 진행할 기회가 종종 있었다. 그렇지만 성평등 교육은 늘 어렵게만 느껴진다. 어느 날은 더 이상 성평등 교육 현장에 나가지 않겠다고 마음먹기도 하고, 또 어떤 날은 성평등 교육이 내가 할 수 있는 여성운동이라는 생각에 다시 의지를 다지기도 한다. 아마 다른 동료 강사나 연구자들도 나와 비슷한 경험을 한 적이 있을 것이다.

성평등 교육은 왜 어려울까? 아니, 그보다 성평등 교육이

란 근본적으로 무엇일까? 성평등 교육은 변화를 위한 교육이며, 그 변화는 개인의 변화에서부터 조직과 제도의 변화, 그리고 궁극적으로 사회구조에 이르기까지 다양한 수준의 변화를 추구한다. 성평등 교육은 새로운 세계로 나아갈 수 있는 용기를 선사하기도 하지만, 때로는 자신이 살아온 세계와 주변을 돌아보고 성찰해야 한다는 두려움을 안겨주기도 한다. 그래서 성평등 교육에는 늘 긴장과 저항이 따른다. 교육 현장에 참여하는 수많은 이들이 각기 다양한 경험과 자신만의 고유한 세계를 갖고 있기 때문이다.

강의장에서 내가 만난 관리직 경찰들의 모습은 대부분 푸른색 제복 차림의 40~50대 남성들이었다. 같은 시민이지만 다른 점이 더 많은 그들과 내가 어떻게 서로의 차이를 이해하고 존중하면서 성평등한 경찰이라는 목표를 함께 만들어갈 수 있을까? 다른 세계의 문을 두드린다는 것은 그들에게도 나에게도 참으로 쉽지 않은 일이다. 성평등 교육에 대한 수많은 선행연구들은 변화에 대한 저항을 실패가 아니라 변화하는 과정의 일부로 이해할 필요가 있다고 지적하지만, 교육 현장에서 수많은 참여자들을 만나는 강사에게는 그런 저항을 다루는 것 자체가 매번 긴장으로 다가올 수밖에 없다. 성평등 교육에 대한 저항을 어떻게 긍정적이고 생산적인 긴장으로 만들 수 있을지는 나에게 여전히 과제로 남아 있다.

1 '세상을 바꾼 국민청원 5년', 행정안전부 대통령기록관.
  http://webarchives.pa.go.kr/19th/www.president.go.kr/
  petitions/230552

2 경찰청 홈페이지 '서비스헌장'. https://www.police.go.kr/
  www/agency/intro/intro06.jsp

3 〈경찰 여경 역할 커진다〉, 《경남신문》, 2000. 1. 24.

4 신현기, 〈우리나라 여성경찰제도에 관한 역사적 고찰〉,
  《한국경찰연구》 4(1), 2005, 18쪽.

5 이상열·신현기, 〈여자 경찰관의 위상과 역할 제고에 관한 연구〉,
  《한국치안행정논집》 6(1), 2009, 5쪽.

6 〈지방자치단체 공무원 인사통계〉, 행정안전부, 2023(2022. 12.
  31. 기준).

7 〈경찰백서〉, 경찰청, 2023.

8 〈[현장인터뷰] 성 고정관념을 이겨내고 꿈을 이루다: 경찰 인터뷰
  전문〉, 《마인플래닛》, 2021. 9. 1. http://www.min-pla.net/
  article/857

9 〈한국시위 최루탄대신 립스틱 진압〉, 《한국일보》, 2000. 3. 9.

10 〈"부드러운 분위기 위해 여경 배치" 경찰 황당 공문〉, 《한겨레》,
  2016. 9. 30.

11 〈"남성은 불끈, 여성은 상냥?" 경찰의 고정관념〉, 《광주드림》,
  2016. 6. 5.

12 〈보이스피싱, 노인만 속는다?… 20대 피해자 7000명 '최대'〉,
  《한국경제》, 2023. 2. 1.

13 〈경찰청 범죄통계〉, 경찰청, 2022. https://kosis.kr/statHtml/st
  atHtml.do?orgId=132&tblId=DT_13204_501

14 〈경찰청과 그 소속기관 직제 시행규칙〉 제75조에 따르면, 경찰서
  등급은 관할 지역 규모에 따라 1급지, 2급지, 3급지로 구분된다.
  규모가 커질수록 등급이 올라가며, 배치 인력이나 자원의 양이
  달라진다.

15 경찰청, '2020 성평등 조직문화 캠페인 II' 카드뉴스. https://
  www.bspolice.go.kr/yeonje/view.do?no=1101&seq=1

(등록일 2020. 10. 5.)

16 〈경찰 조직 내 성범죄 증가… 가해자 80% 경위 이상 간부〉, YTN,
2021. 5. 14.

17 Season Hoard, *Gender Expertise in Public Policy: Towards
a Theory of Policy Success*, palgrave macmillan, 2015,
pp.41~42

18 〈경찰청, 성평등 직무역량 강화 교육 전문강사 연수회 개최〉,
경찰청 보도자료, 2021. 4. 5.

여성혐오에 맞서는
경찰관들을 만나다

추지현(서울대 사회학과 교수, 경찰청 성평등위원회 위원)

'잠정적 우대조치'의 수혜자로서
목도한 성별통합모집

　나는 전직 경찰인 페미니스트 연구자다. 1998년 경찰대학에 입학했고 함께 입학한 동기들 120명 중 여학생은 나를 포함해 12명이었다. 입학 당시 3~4학년 선배들만 하더라도 여학생이 5명에 그쳤는데 왜 변화가 생긴 것인지, 나아가 별도의 여학생 정원이 있는 것인지 자체를 궁금해하지 않았다. 지금 생각해보면 헌법이나 노동법 수업 시간에 진정직업자격'에 대한 판례를 통해 성차별의 판단 기준을 다뤘을 수도 있었겠다 싶지만, 대학 시절 그 어떤 수업에서도 배운 바가 없다. 대학원에 입학한 이후에야 일상적이고 당연하다고 여겨온 이런 문제가 사소하지 않다는 것을 처음으로 알게 되었다.

　1995년 제정된 〈여성발전기본법〉은 여성 참여가 현저히 부진한 분야의 참여를 촉진한다는 목적 아래 '잠정적 우대조치'를 도입했고, 이에 따라 이듬해부터 5급 및 7급 공직의 여성채용목표제가 시행되었다. 그리고 경찰 간부를 양성하는 경찰대학에서도 1997년 입학생부터 여학생 정원을 확대했다. '우대조치'라는 표현에서도 알 수 있듯, 당시 여성 경찰 간부 양성은 누적된 차별에 대한 보상과 인원상의 균형이라는 결과에 초점을 맞췄던 탓에, 경찰의 주요 직무와 그 역량에 대한 평가 기준을 젠더 관점에서 재구성하지는 못했다. 여성이라는 이유로 능력과 무관하게 '우대'하는 것, 그리고 그에 따른 인원 '할당'이 공정성을 해한다는, 성평등에 대한 왜곡된 인식을 만들어내는 데 빌미를 제공한 정책 과제명이지 않나 싶다. 성차별의 징후를 진단하고 개입 방안을 마련하려는 '적극적 차별 개선조치affirmative action'의 일환이었다고 긍정적 평가를 해볼 수도 있겠지만, 당시 나는 그저 더 높은 성적에도 불구하고 능력과 무관하게 성별에 따른 '우대'를 받아 경찰대학에 입학할 수 있었던 존재였다.

입학은 물론 졸업 성적, 심지어 유도와 합기도 등 무도나 사격에 이르기까지 경찰대학에서 여학생들의 평균 능력은 남학생들 이상으로 평가되곤 했다. 그러나 우수한 여성에 대한 질시는 물론 성역할 고정관념을 가지고 여학생들을 온정적으로 바라보는 이들도 적지 않았다. 체전 시즌이면 저학년 여학생들은 응원단으로 차출돼 스탠드에 앉아 있는 대다수 남학생들 앞에서 춤을 추고 환호를 받기 위한 준비를 해야 했다. 소수자로서 여학생들은 그런 일상에 피로감을 느끼면서도 외면했다. 그리고 어느새 내 몸은 변해 있었다. 체력 훈련으로 인해 그을린 얼굴, 까진 손등, 땀에 떡진 머리카락, 초코파이와 야식에 불어난 체중…… 나는 그런 내 몸을 당시 남학생들이 주말이면 미팅을 하던 여대생들과 비교하며 수치스러워했다. 성차별의 무/의식적 근간인 여성혐오로부터 나도 자유롭지 않았던 것이다. 답답함에 PC 통신으로 여성과 외모에 대한 비판적 정보들을 검색하기 시작했고, 그러다 여성주의 커뮤니티 '언니네'를 만나면서 어느새 페미니스트 연구자가 되었다. 당시 대학은 젠더와 관련해 어떤 인식과 분석의 틀도 제공하지 않았다.

내가 대학원을 다니던 시기에도 젠더는 사회학이라는 분과에서는 물론 사회적으로도 크게 주목받지 못하는 이슈였다. 2016년 강남역 살인 사건을 기폭제로 한 페미니즘 대중화가 생경하게 느껴진 이유다. 그리고 2018년 6월, 경찰청은 〈2018~2019 경찰청 성평등 기본계획〉을 통해 경찰 공무원에 대한 성별통합모집을 의결했다. 경찰대 신입생과 간부후보생을 넘어 순경 공개채용에까지 적용될 예정이라는 기사들이 나왔다. 격세지감을 느끼면서도 솔직히 그것이 실행되리라는 기대를 갖지는 않았다. 2005년 경찰 성별분리모집이 성차별에 해당한다는 국가인권위원회의 첫 개선 권고 이후, 2013년과 2014년에도 같은 취지의 결정이 있었지만 정작 제도 변화는 이뤄지지 않는 현실을 보아왔기 때문이다.

국가인권위원회의 권고도 무시하는 경찰청이 경찰개혁위원회의 권고를 받아들여 기본계획을 의결했다 한들, 여러 부수 과제들을 얼마나 끌어안고 지속적으로 추진해나갈 수 있을지 의문이었다. 2018년 정부 부처 중 경찰청이 가장 먼저 성평등정책담당관실을 신설하는 것을 지켜보며 느낀 것은 어떤 부처보다 사회변화에 빠르게 대응하는 경찰 조직에 대한 자부심 혹은 페미니즘 대중화의 영향력 정도일 뿐, 그 작은 부서가 이후 해낼 일들은 상상하지 못했다. 나를 경찰대학으로 이끌었던 '우대' 혹은 '할당'을 통한 여성 참여의 양적 확대가 아니라, 경찰의 직무 모델 자체를 젠더 관점에서 재구성하려는 변혁의 시도들을 말이다.

성평등 논의의 중심에 놓이게 된
경찰 조직

경찰청 성평등정책담당관실과의 인연은 그런 상황에서 시작됐다. 해당 부서는 2019년 '경찰 성평등정책 중장기 (2020~2024) 비전 수립 연구'를 발주했다. 〈2018~2019 경찰청 성평등 기본계획〉에 따른 구체적 정책 마련을 위해 경찰 조직 내 모든 영역에서 성평등 실태를 조사하는 것이 주된 내용이었다. 이런 시도는 검찰, 법무부, 법원 행정처 등 다른 형사사법 조직은 물론 정부 부처들 중에서도 최초였다.

공동연구진으로 참여한 나는 연구 보조원인 대학원생들과 함께 지역, 직급, 성별, 입직 경로가 각기 다른 경찰관 50명을 만나 인터뷰를 진행했다. 당시 성평등정책담당관실은 열악한 예산에도 불구하고 적극적으로 연구 수행에 필요한 자료와 편의를 제공하고 함께 내용을 검토해주었다. 연구 보조원들은 페미니스트 연구자로서 1946년 미 군정기 여성경찰과 신설 이래 지속되어온 경찰의 성별분리모집 관행의 한계를 익히 알고 있었고, 그 문제의식을 깊이 공유하고 있었다. 이들 역시 현장의 이야기를 듣는 연구 과정에서 연구자로서의 소명을 다시 확인해가는 듯했다.

특히, 이 시기 논란이 된 이른바 '대림동 사건'에 대한 분노는 녹록지 않은 연구에 큰 원동력이 되었다. 논란은 서울 구로동에서 취객 2명이 영업 중인 주점에서 난동을 피우고 경찰관의 공무 집행을 방해한 사건으로부터 시작됐다. 이를 제지하던 여성 경찰관이 행인에게 도움을 요청한 사실은 여성이 경찰로서의 직무 수행에 부적합하다는 논리로 호도되었다. 이런 프레임이 덧씌워진 영상이 포털 사이트의 실시간 검색어 1위로 등극했고, 일부 언론은 사건 발생 장소에 대한 부정확한 명명을 그대로 사용할 정도로 무비판적인 태도를 보였다. 여성 경찰관들의 직무 자격을 절하하려는 움직임은 내게 불법촬영에 대한 경찰의 편파 수사를 규탄한 2018년 5월의 혜화역 시위, 그리고 그 시위를 기점으로 부상한 성별통합모집과 같은 중대한 페미니즘적 변화를 저지하려는 백래시로 보였다.

이 백래시에 경찰 조직 안팎의 여성들은 함께 그리고 뜨겁게 저항했다. 해당 영상이 포털 사이트의 실시간 검색어 1위로 고정되자, 그간 연락이 소원했던 경찰 안팎의 지인들로부터 전화가 빗발쳤다. 경찰대학에서 페미니즘 서적을 읽던 나를 의아하게 쳐다봤던 여자 선후배들은 물론, 경찰 조직에 전혀 관심이 없던 페미니스트 연구자들까지 분노를 토로했다. 더 이상 성차별은 없다며 여성혐오를 '젠더갈등'으로 일축하는 현대적 성차별주의에 대한 페미니스트 연구자들의 문제의식이 경찰이라는 직무와 조직에 대한 구체적 관심으로 이어진 것이다.

당시 내가 체감한 반응은 혜화역 시위 진행 당시 성별통합모집에 대한 경찰청의 입장을 표명한 성평등정책담당관 해임 청원이 청와대 게시판에 등장했을 때와도 사뭇 달랐다. 현직 경찰관들은 도대체 누가, 왜 그토록 여성 경찰관을 무시하는 댓글을 작성하고 퍼나르는 데 안달이 난 것인지, 그들의 심리가 무엇인지 나에게 물었다. 신자유주의 질서 속에서 변화하는 젠더 관계를 백래시의 주요 요인으로 설명해오던 연구자들은 경찰관 채용의 기준과 경찰 직무에 관심을 보이기 시작했다.

이처럼 '대림동 사건' 직후 경찰 조직 안팎에서 성차별적 현실에 문제를 제기하고 있는 이들이 서로의 생각과 상황에 관심을 갖는 광경을 목도하며 벅찬 감동을 느꼈다. 그만큼 경찰청의 성별통합모집이 성평등정책의 실험 무대 중심에 놓여 있다는 것도 확인할 수 있었다. 학술적 개념이나 언어를 사용하지 않는 여성 경찰관들 역시 여성에 대한 차별과 멸시에 저항하며 페미니스트로서의 정체성을 키워가고 있었다. 페미니즘 관련 서적을 추천해달라는 연락도 빈번했다.

이렇듯 성평등정책담당관실이 쏘아 올린 성별통합모집 안은 그 변화를 무력화하는 시도들을 촉매로 여성 경찰관들의 젠더에 대한 의식을 자극했고, 더 나아가 법 집행 현장의 변화로 이어지고 있었다. '대림동 사건'을 계기로 나와 연락을 주고받기 시작한 한 여성 경찰관은 당시 생활질서계에 배치받으며 관내 성매매 여성들의 삶을 목도했다. 이후 그녀는 성매매 관련 수사 및 재판의 한계에 대한 책과 논문을 찾아 읽기 시작했고, 성매매 처벌을 '큰 사건'으로 여기지 않고 성적 착취를 사소한 문제로 치부하는 형사사법 조직들의 분위기, 성매매 여성의 벌금형과 전과만 증폭시키는 수사 방식, 처벌이 결국 다른 지역으로의 풍선효과를 가져올 뿐이라는 안일한 비관주의를 불식시키고자 1년여의 시간을 들여 집결지 폐쇄를 위한 준비를 은밀하면서도 치밀하게 해나갔다. 그리고 결국 업주에 대한 몰수·추징, 그와 연계된 온라인 성구매 사이트 운영자 체포, 현장 압수수색을 위한 새벽 기동대 동원 등 전쟁을 방불케 하는 작전을 수행해냈다.

나는 그녀에게 반성매매 운동을 해온 전국 및 해당 지역 단체 활동가들을 소개해주었고, 그렇게 경찰 안팎의 페미니스트들이 또 한번 만나게 됐다. 성평등정책담당관실의 도전 덕택에 해당 부서를 넘어 또 다른 영역에서 젠더 거버넌스가 구축된 것이다. 이런 움직임들이 지속되던 2020년, 내가 연구위원장으로 활동하고 있던 한국여성학회에 순경 성별통합모집 실시안 마련과 관련해 페미니스트 전문가의 참여를 제안하는 요청이 들어왔다. 예전이라면 행정학이나 체육학계 남성 교수들의 전유물이 되었을 채용 기준안 마련을 위한 전문가 패널이 새롭게 구성된 것이다.

페미니스트 경찰관들과의 만남

'경찰 성평등정책 중장기(2020~2024) 비전 수립 연구'의 일환으로 진행된 심층면접은 참여자의 성별, 입직 경로, 근무 경력, 직급, 지역, 부서 등 다양한 요인을 고려해 설계되었다. 젠더나 성평등에 대한 참여자들의 입장은 사전에 고려하지 않았다. 하지만 실제로 만난 여성 경찰관들 대다수는 무엇보다 직무 배치 방식의 젠더 불평등에 높은 문제의식을 갖고 있었다. 다시 말해, 그들은 경찰관의 모델을 남성으로 상정하고 성폭력 피해자 보호, 여성 시위자나 여성 유치인의 신체 수색 등 성별특정적 업무를 여성 경찰관에게 할당하는 관행의 문제를 정확히 인지하고 있었다.

대학에서 유도나 합기도를 전공하거나 수년간 전문적인 운동에 단련된 여성들조차 형사과에 배치되지 못하거나 성희롱 피해를 겪기도 했다. 입직한 지 20여 년이 되어가는 한 여성은 면접이 끝난 후 나에게 별도의 대화를 요청했는데, 이야기를 들어보니 출산 후 원하는 부서는커녕 일하던 부서로도 돌아가지 못하고 각 과에서 발령을 거부당하고 있었다. 그 때문에 정신과 상담을 받고 약물을 복용하고 있다고 했다. 경찰관 부부인데 남편의 승진 준비를 위해 '독박 육아'를 하면서 정작 자신의 승진 준비는 유예하는 경우도 허다했다.

그러나 여성 경찰관들은 이런 문제에 목소리를 내기 어려운 위치에 있었다. 경찰은 승진과 보직 배치에서 평판이 중요하고, 심지어 남성중심적인 조직이기 때문이다. 성평등정 책담당관실 부서원들은 전국 순회 간담회를 개최해 이런 여 성들의 목소리를 들었다. 면접 과정에서는 문제의식을 공유 하는 남성 경찰관들도 어렵지 않게 만날 수 있었다. 하지만 여 성과 남성은 이런 속내들을 진솔하게 공유하지 못하고 있었 다. 성평등정책담당관실과 함께 진행한 두 개의 연구 과정에 서 경찰관들로부터 가장 많이 받은 질문은 '여경 무용론'을 비 롯한 일련의 쟁점들에 대해 내 옆의 직원들이 어떻게 생각하 는지, 경찰관들의 목소리가 드러나는 대표적인 온라인 공간 인 '현장활력소', '블라인드'[2]에 업로드된 글처럼 왜곡된 젠더 인식을 가진 사람들이 과연 얼마나 있는지였다. 그런 주장이 관심을 끌고, 무비판적인 언론들이 이를 기삿거리로 삼는 동 안, 정작 이에 반대하는 이들의 목소리는 드러나지 못한 채 조 직과 주변 동료들에 대한 불신이 형성되고 있었던 것이다.

　반면, 유사한 상황과 위치에 놓인 여성끼리 모여 있는 부 서는 젠더 불평등에 대한 문제의식과 이야기를 적극적으로 공유할 수 있는 안전한 발화 공간으로 여겨지고 있었다. 예비 신임 경찰관들이 성별에 따라 분리된 공간에서 함께 숙식하 며 교육까지 받는 중앙경찰학교나 경사 이하로 신규 채용된 경찰공무원이 의무적으로 복무해야 하는 기동대 여성 제대(이 하 '여경 기동대'[3])가 대표적이다. 이들은 대부분 경찰 조직을 경 험한 지 얼마 되지 않은 20~30대로, 경찰 조직에서 완전한 구성원으로 인정받고 있지 못했다. 하지만 그런 점에서 경찰 조직의 모순을 누구보다 더 잘 간파할 수 있는 '내부의 외부인'⁴ 위치에 있기도 했다. 특히 여경 기동대의 경우, 그런 발화와 소통을 꿈꾸며 지원하는 이들이 꽤 있었다. 그 밖에 지구대에서 마주한 남성들의 성차별적 태도와 반복된 성희롱이 지긋지긋해서, 성희롱 피해 신고 이후에 2차피해를 우려해 지원한 이들도 있었다. 이들은 경찰 조직의 남성중심성을 비판하고 조롱하며 유쾌하게 웃다가도, 자신과 동료의 경험에 눈물을 흘리거나 변화를 기대하며 들뜬 표정을 보이기도 했다. 집회와 시위 현장을 지휘하는 여성의 목소리가 무전기를 통해 '대한민국 정치 1번지'로 불리는 종로에 울려 퍼지는 광경은 그들이 꿈꾸는 미래의 한 가지 모습이다.

여경 기동대원들과의 만남은 전직 경찰관이자 연구자로서 나의 역할과 위치를 성찰하게 만들었다. 20대 여성의 50퍼센트가 페미니즘을 지지한다는 조사 결과들이 잇달아 발표되고, 나 역시 관련 연구를 이어가고 있었는데, 어째서 경찰 조직에 페미니스트들이 존재할 것이라는 생각은 미처 하지 못했을까? 심지어 나는 경찰 조직 내부에 존재하는 젠더 모임조차 예외적으로 치부하고 있었다. 경찰은 뿌리 깊은 남성중심적 조직이라는 단순한 비판에 갇혀 조직 내부에서 고군분투하는 페미니스트들의 존재나 변화를 위한 구체적 과제들에 대한 모색을 잊고 있었던 것이다. 이런 오만함에 대한 반성은 그간 어쩔 수 없는 것으로 치부해온 경찰 조직의 구성 방식과 관행에 좀 더 적극적으로 의문을 제기할 수 있게 해주었다. 그

예가 여경 기동대의 필요성이었다.

'여경 무용론'과
혼성기동대 출범

'경찰 성평등정책 중장기(2020~2024) 비전 수립 연구'가 한창 진행될 무렵에도 '치안조무사', '오또케 여경' 등 여성 경찰관을 소재로 삼은 안티 페미니스트 담론은 계속해서 심화되었다. 교통사고 및 폭력 현장에서의 대응이나 채증, 심지어 운전 연수에 이르기까지 여성이 경찰관으로서 부적합하다는 것을 지적하는 비난과 조롱이 인터넷 커뮤니티에 반복적으로 등장했다. 2021년 4월에는 일본 대사관 앞에서 1인 시위를 하던 시민을 여성 경찰관 여러 명이 에워싸 제지한 상황이 논란이 되기도 했다. 언론은 여전히 사건의 맥락을 살피지 않은 채 여성 경찰관을 무조건 비판하는 기사를 찍어내는 데 가담했다.

이에 성평등정책담당관실은 '여성 경찰 혐오담론 분석 및 대응방안 연구'를 기획하며 적극 대응했다. 이 연구에 참여하게 된 나는 2019년 연구에서 만난 경찰관들의 도움을 받으며 다양한 지역·부서에서 일하는 경찰관들을 만나 현장의 분위기를 들을 수 있었다. 당시 만났던 경찰관들은 성별을 불문하고 해당 대응에 전혀 문제가 없다는 의견을 보였다. 시위 참여 방식이 불법 행위로 이어질 가능성이 있는 상황이라 할지라도 완력으로 제압하기보다는 비폭력적인 방식으로 대응해 최대한 시위 참여의 자유를 보장하는 것이 경찰 업무의 원칙이므로, 여성 경찰관들이 시위 참여자의 신체 앞뒤를 에워싼 것은 인권친화적 대응이라는 것이다.

하지만 그러면서도 여경 기동대원들이 남성들보다 편안한 조건에서 근무하고 있다는 불만을 제기하는 남성들도 있었다. 직장인 익명 커뮤니티 블라인드에도 업로드된 적 있는 이런 주장과 인식이 만만치 않게 존재한다는 것을 확인하는 순간이었다. 논란이 된 여경 기동대는 여성, 장애인, 노약자, 임산부 등의 보호 관리와 단속, 체포 등의 임무를 우선 수행하도록 하면서 제도화됐다. 주로 여성 시위 참여자들에 대응하는 역할을 여성 경찰관들이 도맡고, 그에 따라 이들만의 제대가 별도로 운영되는 관행이 지속되어온 것이다. 남성 기동대와 여성 기동대가 분리 운영되고 있는 상황에서 남성 경찰관들이 여경 기동대의 구체적인 근무 환경을 알기는 어려울 텐데, 어째서 여성들이 더 편하게 일한다는 목소리가 나오는 것일까?

부부 경찰관으로서 아내의 근무 방식을 지켜보거나, 친한 동료 여성 경찰관의 이야기를 듣거나, 기동대 철야 근무를 여성 경찰관과 함께한 경험이 있는 남성 경찰관들은 이것이 오해임을 분명히 했다. 여성 시위 참여자들이 증가한 데 비해 출동 가능한 여성 경찰관이 부족한 상황에서 소수 인원이 여러 시위 현장을 순회하는 근무 방식을 알지 못하는 남성 경찰관들의 주장이며, 여경 기동대원들의 근무 조건은 오히려 더욱 열악하다는 것이다. 전국 기동대 중 여성 제대는 몇 개 되지 않아 집 근처 기동대 근무를 신청할 수 있는 남성들과 달리 일부 여성들은 부득이 원거리에서 출퇴근을 해야 했다. 그로 인해 자녀 돌봄의 부담이 가중되었을 뿐 아니라, 집회가 계속되면 귀가하지 못하고 기동대에서 취침을 하는데도 남성들과 달리 야간 근무를 인정받거나 수당이나 휴게시간을 받지 못하고 있었다. 이렇듯 여성을 치안 수요라는 필요에 따라 소극적으로 채용해온 성별분리모집 관행과 그에 따른 직무 배치의 오랜 모순이 성별 집단 간 갈등이라는 형태로 표출되고 있었다.

이런 내용을 담은 연구보고서가 제출된 후인 2023년, 경찰은 혼성기동대를 운영하기 시작했다. 이로써 1946년 경찰 조직의 창설 이래 최초로 남성과 여성이 함께 기동대 근무를 하는 실험이 펼쳐졌다. 방패와 최루탄으로 시민을 억압하던 경찰의 전형이었던, 또한 경찰 조직의 여러 부서 중에서도 가장 남성중심적인 바로 그 기동대를 성평등 관점으로 재구성하는 시도는 성별통합모집 논의 과정에서조차 구체화된 바 없었다는 점에서 더 급진적으로 다가왔다. 연구년 때문에 해당 정책의 추진 과정을 가까이서 지켜보지는 못했지만, 귀국 후 처음 참여한 경찰청 성평등위원회에서 혼성기동대 운영에 따른 경과 보고를 접할 수 있었다. 여타 정부 부처의 위원회와 달리 위원들이 현장에 대한 고민을 담아 질의하고, 성평등정책담당관실을 비롯한 관련 부서는 그에 대해 성실히 답변하는 내실 있는 거버넌스 현장에서 새로운 기동대 운영 방식에 대한 사후 조치들이 논의되고 있었다.

성평등정책담당관실은 연구를 통해 발굴된 쟁점을 경찰 조직 내부에서 정책화하는 것뿐 아니라 여론을 변화시키는 데도 적극적이었다. 전국을 돌며 진행한 여성 근무자 간담회나 연구 용역 과제를 기반으로 '젠더 의제 토론회'를 이어나갔고, 이 과정에서 기동대는 물론 지구대 등 다양한 직무 현장에서 경찰관들의 경험과 의견을 담은 '여성 경찰 혐오 담론 분석 및 대응 방안 연구'의 결과도 발표했다. 2021년 11월 경찰청에서 진행된 이 발표의 사회와 인사말은 표창원 범죄과학연구소장과 진교훈 경찰청 차장이 각각 맡았는데, 그들은 내 대학 시절의 교수와 지도관이었다. 여성학이 경찰 직무와 무관하다며 나를 대학원 위탁 교육 대상자에서 제외했던 20여 년 전의 대학 조직의 모습이 겹쳐 보이면서, 성평등정책 추진이 경찰청에서도 거스를 수 없는 과제가 된 현실을 절감할 수 있었다.

성별이분법을 넘어서는 변혁

'여경 무용론'에 대해 대다수의 남성 경찰관들은 여성의 체력 부족이 문제의 핵심이 아니며, 주취자 한 명을 제압하는 것은 남성 경찰관들 여럿의 힘으로도 쉽지 않다는 이야기, 자신 역시 폭력적 상황을 완전히 제압할 수 있을지 불안감에 휩싸이곤 한다는 이야기를 털어놓았다. 이뿐만 아니라 성별이나 체격이 아닌 현장에서 적극적으로 대응하려는 직무 태도가 중요하다는 의견도 많았다. 또한 신체적 역량에는 완력 이외에도 지구력, 민첩성, 그 밖의 다양한 감각을 통한 신속한 판단력과 결단력이 포함되며, 한 개인이 이 모든 역량을 갖추기란 어렵기에 동료와의 협업이 중요하다는 것, 즉 시민과 자신의 안전조차 동료에게 서로 의지하고 있다는 지적도 감명 깊었다. 취약성에 대한 인정과 상호의존성에 대한 이해, 이에 기반한 협업과 동료애는 간과되고 있는 직무 역량 중 하나이기 때문이다. 드라마나 영화에서 재현되는 것과 달리 범죄자가 명확히 구분되지 않는 현장도 적지 않다. 이런 경우, 장구의 오남용을 경계하는 등 인권침해로 이어질 수 있는 상황을 만들지 않는 것 또한 경찰관의 중요한 책무다. '여경 무용론'은 그런 노력을 기울이려는 경찰관들을 오히려 비난한다는 점에서도 큰 문제가 있다.

물론 위험 요인을 신속히 판단하고, 필요할 경우 물리적 대응 역량을 발휘하는 것 역시 중요하다. 하지만 장구가 아닌 맨몸으로 맞설 것을 강조하며 현장 경찰관들의 소극적 대응을 만들어내는 것은 오히려 경찰 조직 자체다. 많은 경찰관들은 권위주의 시기의 폭압으로 인해 형성된 경찰에 대한 불신은 물론, 그런 불신을 불식시키고자 장구 사용 요건을 제한하고 사후 보고와 책임을 광범위하게 물어온 조직 관행의 문제를 지적했다. 장구 대신 맨몸으로 맞서라는 요구는 희생과 책임감을 중심으로 한 남성중심적 경찰 모델에 기초한 것이다. 성평등정책담당관실은 이처럼 성차별과 무관해 보이는 현상들의 전제를 파헤쳐 경찰의 직무 관행을 근본적으로 변혁하는 데 집중했다. '여성 경찰 혐오 담론 분석 및 대응 방안 연구'를 통해 맨몸 대응 관행 개선을 제안한 것이 그 성과 중 하나였다.

2021년 11월, 인천의 한 빌라에서 층간 소음이 도화선이 된 흉기 난동 사건이 발생했다. 이때 현장에 출동한 경찰관들은 장구를 소지하고 있음에도 현행범을 제압하기보다 별 조치 없이 현장을 떠나는 미온적 대응을 해 사회적 비난에 휩싸였다. 성평등정책담당관실은 이 상황을 사례로 경찰의 직무 수행 방식 자체를 젠더 관점에서 제고할 수 있는 논평 작성을 요청했고, 나는 현장 경찰관들과의 면접 결과에 기초해 사설을 썼다. 그리고 이 사건 직후 경찰청은 TF 팀을 구성하고 테이저건 및 삼단봉 사용, 물리력 행사 방식 등 현장 대응력을 강화하기 위한 교육을 추진하고 인권친화적인 장구 개발에 나섰다.[5]

성평등 관점이란 그저 여성을 배려하고 보호하는 것이 아니라, 젠더와 무관해 보이는 현상들에서조차 젠더가 미치는 영향과 효과를 읽어내고 그 전제들을 재구성하려는 성주류화 시도의 핵심 요소이다. 성평등정책담당관실은 '여성 경찰 혐오 담론'의 허구성을 비판하는 데 그치지 않고, 그 중심에 놓인 경찰관의 적법한 물리력 행사 방식과 요건을 조직 차원에서 변화시켜야 한다고 목소리를 냈다. 디지털 장비와 기술이 날로 발전하고 있는 지금의 상황에서 새로운 대응 체계를 마련할 필요성을 촉구한 것이다. 그런 대응의 효과 역시 젠더 관점에서 분석되어야 할 또 다른 과제로 남아 있다.

남성중심성을 넘어, 어떤 미래를 모색할 것인가

경찰 업무를 남성의 전유물로 여기는 인식, 그리고 그 근거로 제시되곤 하는 체력의 성별 차이를 '젠더 갈등' 프레임 재생산의 자양분으로 삼는 온라인 커뮤니티나 정치인, 언론은 여전히 있다. 이 때문에 여성 경찰들은 자신이 언제든 촬영돼 온라인상에서 공격 대상이 될지 모른다는 불안감에 시달리고 있었고, 이는 물리력 행사를 우선시하게 만들면서 현장에서 대면하는 시민들에게도 좋지 않은 영향을 끼치고 있다. 이런 '여경 무용론'이 불러오는 효과는 과연 누구의 몫이 될까?

경찰은 하나의 노동 조직이기도 하지만, 그 노동의 결과가 시민의 생명과 안전에 영향을 미친다는 점에서 여타의 조직과 큰 차이가 있다. 또한 피해와 가해라는 이분법으로 구획되지 않는 다양한 인간관계와 삶에 개입해야 한다는 점에서 적군을 상정하는 군대와도 다르다. 성평등정책 추진이 조직 자체의 인적 구성은 물론 시민의 안전을 지키는 경찰 업무에도 큰 영향을 끼치는 것은 바로 그 때문이다. 그런 변화의 수혜자는 결국 모든 시민이다. 예컨대 여성 경찰관에게 여성 혹은 성폭력 피해자 조사를 전담하게 하는 관행은 성평등 관점을 여성 경찰관만의 몫으로 상정하면서, 다양한 범죄에 대응할 수 있는 역량을 키우기 어렵게 만든다. 딥페이크나 스토킹을 통한 여성에 대한 괴롭힘을 사소화하거나 적시에 필요한 개입을 강구하지 못하는 한계들이 보여주듯 말이다.

　내가 생각하는 이상적인 경찰관은 '정의구현 사회'를 만드는 데 기여한다. 언론인이나 다른 형사사법기관의 종사자와 달리 말과 논리뿐 아니라 현장의 상황과 맥락을 빠르게 읽어내고 움직일 수 있는 사람이다. 그리고 조직의 성평등은 조직의 결과물이라고 할 만한 법 집행과 치안 서비스의 성평등을 위한 필수 요소다. 실제로 우리 곁에는 성평등한 현실을 만들기 위해 노력하고 있는 경찰관들이 적지 않다. 내가 두 과제를 통해 만난 대다수의 남성 경찰관들은 친족 성폭력 피해 아동의 엄마가 보이는 소극적 대응을 가족 내 여성의 위치와 관련해 어떻게 이해해야 할지, 성매매 문제를 어떤 방식으로 교육해야 할지, 후배가 여성 경찰이라는 이유로 따돌림당하면서도 그 문제를 다루고 싶어 하지 않을 때 팀장으로서 어떤 역할을 해야 할지 등을 치열하게 고민했다.

　그런 노력이 지속될 수 있는 일터야말로 성평등한 조직이라고 할 수 있다. 그런 맥락에서 나는 성평등위원회 위원으로서 인재 채용 방식의 변화를 제안하기도 했다. 신임 경찰관 채용 시 성평등에 대한 관점을 평가하는 면접 질문을 개발 및 적용하고, 면접위원의 성별을 고려함으로써 경찰을 그저 안정적인 밥벌이 수단으로만 여기는 이들에게 공권력 행사의 권한이 주어지지 않도록 해야 한다는 생각이었다. 성평등위원회 위원들은 노량진으로 대표되는 경찰 취업 시장, 더 엄밀하게는 기출문제에 편향돼 성평등 관점이 누락된 수험서가 재생산되지 않도록 새로운 문항들을 출제할 필요가 있다는 내 주장에 동의했다. 이렇듯 성평등정책담당관실과 다양한 외부 전문가들은 정책 과제를 발굴하고 모니터링하며 젠더 거버넌스를 구체적으로 실행해나갔다.

남성중심성은 비단 경찰 조직에 국한된 문제가 아니다. 특히 공무원 조직의 젠더 불평등은 노동자 개개인에 대한 차별을 넘어 교육, 국방, 안전, 보건 등 그들이 생산하는 사회 공공재에도 지대한 영향을 미친다. 남성, 비장애인, 이성애자, 시스젠더를 노동자의 기본값으로 설정하는 공무원 조직이라면, 그 조직은 그들이 대면할 시민 역시 그렇게 상정할 가능성이 크다. 이런 조직이 어떻게 여성, 장애인 등 사회적 소수자의 삶을 충분히 고려한 정책을 만들어내고 수행할 수 있을까?

더군다나 검찰과 법무부, 국방부 등 시민의 안전을 위해 강제력을 행사할 수단을 독점하고 있는 조직에서 성평등 관점은 필수다. 경찰청의 젠더 거버넌스는 바로 그런 문제의식, 즉 성평등한 조직이야말로 법 집행과 시민의 안전을 지키는 활동에서 성평등을 이뤄낼 수 있는 전제조건이라는 생각을 공유하며 움직였다. 이제 그 고투와 좌충우돌의 역사를 어떤 방식으로 복기하고 다른 미래를 만들어나아갈 것인지는 시민들에게 달려 있다. '여경 무용론'이나 '여가부 폐지' 같은 초라한 논리로 소란을 피우거나 여기에 겁먹고 회피하는 것이 아니라, 젠더, 그리고 이와 맞물려 작동하는 다양한 불평등을 경험하게 되는 보통의 시민들을 위한 경찰의 모습을 만들어나가는 데 참여함으로써 말이다.

1 고용차별 판단 기준으로서 성별, 장애, 종교 등이 특정 직무나
   사업 수행의 성질상 핵심적인 부분이 되어 그런 차이에 대한
   고려가 차별이 될 수 없는 경우를 뜻한다.
2 '현장활력소'는 경찰관들이 경찰청 내부 인터넷망을 통해 접근할
   수 있는 실명 게시판이고, '블라인드'는 직장인 익명 커뮤니티
   앱이다.
3 2000년 제정된 〈여경기동대 운영규칙〉(2000. 7. 20.
   시행, 경찰청훈령 제310호)은 2009년 〈경찰관기동대
   운영규칙〉(경찰청훈령 제544호)이 제정되면서 폐지되었다.
   현재의 운영 규칙은 여성 기동대원의 업무 범위를 별도로
   명시하고 있지 않다. '여경 기동대'라는 제도의 역사성, 혼성
   기동대와의 구분 필요성, 실무상 통용되는 명칭임을 고려해
   이하에서는 '여경 기동대'라는 명명을 그대로 사용했다.
4 퍼트리샤 힐 콜린스Patricia Hill Collins는 불평등한 여러
   권력집단 사이의 경계를 표시하는 사회적 위치를 '내부의
   외부인'으로 명명했고, 이를 통해 만들어진 관점이 종속된
   지식의 한계를 극복할 수 있는 비판이론의 추동력이 될 수
   있다고 보았다(패트리샤 힐 콜린스, 《흑인 페미니즘 사상》,
   박미선·주해연 옮김, 여성문화이론연구소, 2009).
5 〈경찰 현장 대응력 강화… 3연발 테이저건 개발, 신임 경찰 교육
   내실화〉, 《노컷뉴스》, 2021. 12. 3.

부록

성평등 용어 사전[*]

*이 지면에 게재한 용어 사전은 경찰청 성평등정책담당관실에서 발행한
소책자 〈성평등 경찰 업무를 위한 전지적 성평등 시점〉(2023)에서 가져온 것이다.

① 보도자료 및 홍보물 등 작성 시 주의할 용어

잘못된 표현	사용하지 않아야 하는 이유	대체 용어
꽃뱀	여성의 행동 전반을 크게 제약하는 목적을 가질 뿐 아니라, 실제 성폭력 피해자를 피해유발자로 만들 우려가 있으므로 성폭력 피해자로 가장해 범죄행위를 하는 의미를 명확화할 필요가 있음.	위장성폭력 피해자
부녀자	혼인 여부로 여성을 구분해 비혼 여성을 차별·배제할 우려가 있어 여성으로 통칭하는 것을 권장.	여성
바바리맨	범죄의 심각성을 희석시키고 희화화.	신체노출 불법행위자
성적 수치심	수치심에는 '스스로 떳떳하지 못하다'라는 뜻이 내포되어 있어, 가해자가 느껴야 할 감정이지 피해자가 느껴야 할 감정이 아님.	성적 불쾌감
소아성애자	소아 대상 성폭력이 개인의 성적 취향인 것처럼 왜곡하는 표현.	소아(아동)성폭력 가해자
몰가드	'몰'에 불법행위의 심각성을 희석하는 '몰래카메라'의 의미가 담겨 있어 부적절함.	불법촬영 탐지카드
리벤지 포르노	가해자의 관점에서 만들어진 용어로 상업용 성착취물의 일종으로 오해를 유발함. 특히 불법촬영 및 유통의 책임이 피해자에게 있는 것으로 오인하게 할 수 있으므로 불법성을 강조해 '성착취물 유포협박'으로 사용할 것을 권고.	성착취물 유포협박
미숙아	'조금 이르게 태어난 아기'라는 본래의 뜻에 맞게 조산아로 순화.	조산아
윤락/윤락가	윤락이란 '여자가 타락해 몸을 파는 처지에 빠졌다'라는 뜻으로, 성매매의 원인을 성매매 여성에게 돌리는 남성중심적인 시각이 반영되어 있음.	성매매/성매매 집결지
매춘	'봄을 판다'는 뜻으로 성매매를 낭만화해 성매매 여성에 대한 성착취를 비가시화함.	성매매 혹은 성착취

저출산	저출산은 '아이를 적게 낳는다'는 뜻으로 여성에게 출산을 강제할 소지가 있는 표현임.	저출생
효자상품	특성 성별(남성)만을 염두에 둔 표현.	인기상품
미혼/미혼모/미혼부	미혼은 결혼을 하나의 의무로 염두에 둔 관점에서 아직 하지 못한 상태를 나타내는 단어임. 결혼을 하지 않은 상태를 있는 그대로 표현하는 '비혼' 권장.	비혼/비혼모/비혼부
경력단절	경력이 단절된 것이 아니라 고용이 되지 않은 상태를 나타내는 말로 표현하는 것을 권장.	고용중단
자녀 동반 자살	자살은 스스로 자신을 죽음에 이르게 하는 행위로, 자녀는 스스로 죽음을 선택한 것이 아니라 양육자에 의해 죽음에 이르게 된 것이므로 자살이라는 용어는 적절하지 않음.	비속 살해

② 성 고정관념이 반영된 단어

잘못된 표현	사용하지 않아야 하는 이유	대체 용어
배달부	배달부의 '부(夫)'는 남성을 의미하는 표현으로 직업을 특정 성별에 국한시킴.	배달원
바지사장	사장이 남성일 것이라는 편견이 담긴 표현.	명의사장
보모	아이를 돌보는 것이 여성의 역할이라는 편견이 담겨 있을 뿐 아니라 남성 보육종사자를 배제함.	아동돌봄이, 보육사, 육아보조인
맘스스테이션	육아 책임을 여성에게만 지우는 표현으로, 무분별한 외래어 사용 지양을 위해 엄마가 중심이 아닌 어린이가 중심이 되는 한글 표현으로 개선.	어린이 승하차장
수유실	수유는 여성에게 육아 책임이 있다는 의미를 내포하므로 아이를 돌보는 모든 이들이 이용할 수 있는 공간이나 아이가 중심이 되는 표현으로 개선.	아기쉼터
유모차	여성만 유모차를 사용한다는 의미로 평등한 육아 개념에 반함.	유아차

학부형	'학생의 아버지나 형'이라는 뜻으로 학생의 보호자를 이르는 말. 아직도 남성만을 보호자로 인식하고 있는 불평등한 현실을 반영하는 용어로 양자를 동등한 명명으로 바꾸어 사용해야 함. • 〈경찰의식규칙〉 제15조(외부 인사의 참석)의 경우 '학부형 및 가족'으로 제시함.	양육자, 보호자
여경, 여군, 여의사, 여배우	남성형을 기본으로 여성형을 파생시킴. 언어 형식상 여성을 남성에게 종속시키는 성차별적 표현. 직업인 명칭 앞에 '여(女)'를 붙여 사용한 것으로 배제 및 비하의 의미가 있어 사용에 부적절함. • 따라서 고유명사화된 '여경'은 성별 구분이 꼭 필요한 경우 보통명사인 '여성 경찰(관)'로 사용. 여의사는 '여성 의사', '여군'은 '여성 군인'으로 사용해야 함.	경찰, 군인, 의사, 배우
외가, 친가	'친할 친(親)', '바깥 외(外)'자를 써서 구분하는 것은 성차별적 표현.	모계본가, 부계본가
남자, 여자, 양자, 친생자	'자(子)'라는 한자가 성별 구분 없이 '아이'라는 의미로 사용될 때도 있으나 아이를 뜻하는 한자어가 '아들 자'라는 점을 고려할 때 성차별적 요소가 있으므로 '남성', '여성' 등으로 사용해야 함.	남성, 여성, 양자녀, 친생자녀
자매결연	자매결연은 언니와 여동생이 관계를 맺는다는 의미로 성별에 대한 고정관념을 불러일으킴. 한 지역이나 단체가 다른 지역이나 단체와 서로 돕거나 교류하기 위해 친선을 맺는다는 본연의 의미를 전혀 담지 못하는 용어로 적절하지 못함.	상호결연
녹색 어머니회, 마미캅	등하굣길에 횡단보도에서 차량을 통제함으로써 교통안전은 지키는 역할이나 학교 주변을 순찰하는 봉사자(안전지킴이)를 지칭하는 용어로, 성별 제한 없이 아이들의 '양육자'라면 누구나 참여 가능한 제도이므로 특정 성별로 제한하는 것은 적절하지 못함.	등굣길 안전 지킴이

③ '불법'에 초점을 맞춘 용어

잘못된 표현	사용하지 않아야 하는 이유	대체 용어
텔레그램 n번방 사건	사건의 본질인 '성착취'를 드러내기보다는 'n번방'이라는 선정성에 주목하게 함. 'n번방' 이외의 다양한 디지털 성범죄를 포괄하지 못함.	텔레그램 성착취 사건
아동·청소년 이용 음란물	아동·청소년을 성적 대상화할 뿐 아니라, 아동·청소년 성착취의 심각성을 은폐함. • 〈아동청소년 성보호에 관한 법률〉 제2조(정의) 제5항에서 '아동·청소년 성착취물'로 정의함.	아동·청소년 성착취물
아동음란물		아동 성착취물
불법음란물	사람을 성적 대상으로 소비하는 관점을 드러내며, 영상의 선정성에만 주목하게 함.	성착취물
음란/ 음란물	음란은 '음탕하고 난잡하다'는 뜻이며, 음란물은 '음탕하고 난잡한 내용을 담은 책이나 그림, 사진, 영화, 영상 따위를 통틀어 이르는 말'을 뜻하므로 부적절한 용어임. • 정보통신망법 등 법조문을 그대로 명시해야 하는 경우가 아니라면 '음란/음란물'은 사용해선 안 됨. • △(강요·협박을 동반한)성착취물, △불법촬영물, △불법합성물, △불법음란물 등으로 구분이 불가피한 경우 '불법 성 영상물'로 구분해 사용 가능.	성착취물/ 불법 성 영상물
로맨스 스캠*	낭만적인 감정을 지나치게 강조해 사기 범죄를 미화·희화화한 용어로 부적절함.	웹기반 연애 사기
몸캠피싱	피해의 선정성에 주의를 기울이게 하는 용어로 부적절함. • '몸캠피싱'은 SNS나 온라인 커뮤니티 등에서 여성으로 위장한 사기범이 범행 대상자에게 접근해 이른바 '몸캠'(영상통화로 신체노출 등의 행위를 하는 것)을 빌미로 불법영상을 촬영한 후 지인에게 유포하겠다고 협박하거나 금품을 갈취하는 사기를 말함.	성착취 영상통화 범죄

* 온라인상에서 이성적 관심을 가장해 피해자의 관심을 얻은 뒤 그들의 호의를 이용하는 신용 사기의 일종.

몰래카메라 (몰카)	장난스러운 이미지를 덧씌우며 불법행위의 심각성을 희석하므로 정확한 용어를 사용해야 함.	불법촬영
딥페이크	풍자 등을 위해 제작된 것이 다수이나 허위사실 적시에 의한 사이버 명예훼손, 초상권 침해, 성착취물 유통 등의 불법적 요소가 다수 발견되고 있어 그런 불법성에 주목해 용어를 순화해야 함. • 인공지능 기술을 활용해 기존에 있던 얼굴이나 특정한 부위를 영화의 CG처럼 합성한 영상 편집물을 말함. • 〈성폭력처벌법〉 14조의 2(허위영상물 등의 반포 등)에서는 반포 등을 할 목적으로 사람의 얼굴·신체 또는 음성을 대상으로 촬영물·영상물 또는 불쾌감을 유발할 수 있는 형태로 편집·합성 또는 가공한 자에 대한 처벌을 규정함.	허위영상물 제조 및 반포
공연음란/ 공연음란물	'음란'은 그 의미상 부적절하며, '공연성' 에 초점을 맞춘 만큼 성적 불쾌감을 주는 정도의 노출 행위가 있는 경우 불법성을 강조해 '불법 노출 행위'라는 용어를 사용할 것을 권고함. • 형법상(제245조) 공연음란죄는 '공공연하게' 음란행위를 하는 죄를 말함. 법명을 명확하게 사용해야 하는 경우가 아니면 사용을 금함.	불법 성적 노출 범죄

④ 기타(성인지 감수성이 낮은 표현 및 차별·혐오 표현)

잘못된 표현	사용하지 않아야 하는 이유	대체 용어
패드립	패드립은 이른바 '패밀리+드립' 혹은 '패륜+ 드립'의 합성어로 사용되는 은어로, 타인을 비난하기 위해 당사자의 주변인을 대상으로 한 모욕을 내포함.	친인척 모욕 언어
복부인	부동산 투기를 하는 사람에게 여성성을 부여하는 여성비하적 용어.	부동산 투기자

농아자	아들인 남성만을 지칭하는 용어임.	청각 및 언어 장애인
손찌검	성별 권력관계에 의해 발생하는 가부장적 테러리즘인 배우자 폭행을 사소화하는 표현. • 경찰서 등에서 사건 발생보고 보고서에 자주 등장하지만 부적절한 용어임.	가정폭력
애기들	아동·청소년을 유아로 비유하여 취약성, 나약함을 강조하게 되는 결과를 초래함. 아동·청소년의 자율성과 인권을 침해할 수 있는 용어로 일상적 차원에서도 부적절함.	아동·청소년
김여사	운전을 잘하지 못하는 사람을 일컫는 단어로 여성 운전자의 교통 매너와 운전 능력을 근거 없이 비난하는 표현.	운전 미숙자
집사람	'집에만 있는 사적 존재'라는 의미를 내포하므로 부적절함.	배우자
미망인	남편이 죽고 홀로 남은 배우자를 지칭하는 것으로 '아직 죽지 못한 사람'을 뜻함. 남편을 따라 죽지 못해 살아남은 죄인이라는 의미로 부적절함. • 유사 용어로 '과부'(남편이 죽어 부족한 사람이 된 여성)도 부적절한 용어임.	고(故) ○○○ 배우자
정신지체	'정신이 지체됐다'는 뜻으로 장애인에 대한 비하가 내포된 용어.	지적 장애인
자궁	'아들만 품는다'는 의미의 용어로 '모든 세포를 품은 집'이라는 뜻을 가진 대체용어(포궁) 사용.	포궁
스포츠맨십	스포츠는 여성과 남성 모두가 참여하는 활동으로 특정 성별만을 대변하지 않는 말로 순화할 것을 권장.	스포츠정신
시댁	남편의 집안은 '시댁'으로 높여서, 아내의 집안은 단지 '집'이라는 뜻의 '처가'로 낮춰 칭하는 표현. '시가'와 '처가'가 적절함.	시가

《페미니스트, 경찰을 만나다》
알라딘 독자 북펀드에 참여해주신 분들
(가나다순)

강경위	김미라	김은정
강민재	김미선	김이승현
강보리	김민지	김재민
같이읽어요 최윤정	김보라	김지용
고마워서 고마	김서룡	김지원
고준우	김서연	김지은
고지연	김선희	김진희
공백	김순이	김태연
곽미경	김영인	김항심
국미애	김예람	김향화
권은경	김원정	김혜정
김대현	김유진	나영
김둘순	김윤서	또또자매

라라서윗	윤청	정형중
류석훈	이규희	조누리
림보책방	이박혜경	조소정
마경희	이송이	조영미
민고미	이슬	조원경
박봉정숙	이원재	조한길
박종희	이은미	주상진
박홍근	이은숙	지민
박희정	이주영	진주여성회
백미록	이진혁	채은
백미순	이해인	최선미
보자기	이희도	최자윤
선아	인천경찰청 정진희	최현아
소금은선	임여진 정혜심총경님	한량
손어진	장송희	해양경찰
손혜진	장수지	허윤정
신수경	장영숙	호트
신환수	장주영	
안정은	장혜민	
안정호	전원근	
양지윤	전자영	
연세마음편한치과	정도경	
오혜민	정여정	
원하경	정유리	
윤정희	정주영鄭周英	

페미니스트, 경찰을 만나다

초판 1쇄 펴낸날 2024년 10월 21일

기획 이성은

지은이 이성은·이경환·주재선·김창연·이해리
정혜심·이임혜경·이은아·추지현

펴낸이 박재영

편집 임세현·이다연

마케팅 신연경

디자인 조하늘

제작 제이오

펴낸곳 도서출판 오월의봄

주소 경기도 파주시 회동길 363-15 201호

등록 제406-2010-000111호

전화 070-7704-2131

팩스 0505-300-0518

이메일 maybook05@naver.com

X(트위터) @oohbom

블로그 blog.naver.com/maybook05

페이스북 facebook.com/maybook05

인스타그램 instagram.com/maybooks_05

ISBN 979-11-6873-127-1 03330

만든 사람들

책임편집 임세현

디자인 조하늘